演劇をめぐる八章

岩井眞實

IZUMI BOOKS
23

和泉書院

まえがき

はじめにことわっておくが、本書は専門書ではない。演劇についてよく知らない人や、演劇は好きだが歴史や理論を知りたいという人を読者として想定している。教科書として利用することも視野に入れている。本書のほとんどは、もとが教科書として執筆したものなのである。

私は早稲田大学大学院文学研究科（演劇専攻）で、河竹登志夫先生、鳥越文藏先生という二人の巨人から教えを受けた。また内山美樹子先生からは人形浄瑠璃をドラマとして解釈することを教わった。考えようによっては、内山先生は前のお二方以上の巨人かもしれない。後世、正当に評価されるだろう。

河竹先生からは最初に演劇研究の面白さを教わり、酒を教わった（私ももとから好きだったのだが）。河竹先生から学んだ比較演劇研究の考え方はいまも私の中で生き続けている。本書が私の専門とする日本演劇を逸脱して西洋演劇に及んでいるのもそのためである。鳥越先生は父親のような存在だ。しかしそれはそれ、先生の実証的研究に対する厳しさとこれを裏打ちする超人的記憶力は私の遠く及ばない世界にある。お書きになったものからは想像もつくまいが、鳥越先生はあらゆるジャンルの演劇に興味を持たれ、舞台で行われている営為を常に意識しておられた。それは酒の場でひしひしと感じた。飲みニュケーションは大事だ。内山先生の口から紡ぎ出される作品解釈は、ときとして原典を凌ぐ面白さで私の心に迫ってきた。豊かな世界だった。浄瑠璃というものはこんなに面白いのかと何度も思った。ただし読むとそれほどでもないものもあった。

本書は、三人の恩師から得た学恩の集大成である、などとは恥ずかしくてとても言えないが、及ばずながら今まで得た演劇学の知見を私なりにさえずりちらしたのである。

口はばったいが、私にあって三人の巨人にないものが一つだけある。それは十数年、アマチュア演劇だがその現場にいたことだ。演劇研究者の中で、私ほどナグリ（金槌）やノコ（ノコギリ）やインパクトドライバーを使いこなせる人は皆無だろう（何の自慢にもならないが）。ただしこの「現場」という代物は、様々な思い込みのかたまりだから、いちいち疑ってかからねばならない。それは十分差し引いて書いたつもりだ。

本書には間違いも多々あるかもしれない。もとが教科書として執筆したものゆえ、専門家からは自明の事柄も多々ある。食い足りないと思し召しの向きもあることは承知している。ただし私独自の、自明でない見解もところどころに忍ばせている。

章によって材料も、その料理の仕方も、筆致も微妙に異なる。それはこの本の成立に関わっているのだがいまは詳しくは述べない。どの章から読んでいただいてもかまわない。

参考文献および引用する戯曲のテキストは章末に示した。選んだテキストは必ずしも最適最良のものではない。たとえばアントン・チェーホフの作品は、マイケル・フレインの英語訳を経た小田島雄志訳がいい。フレインの解釈が明確だからだ。したがって上演するなら小田島＝フレイン訳を採る。しかし香りの高さを採って中庸の神西清訳を選んだ。神西訳は素晴らしい。さらに言えば原卓也訳も素晴らしい。シェイクスピアについては迷わず河合祥一郎訳を採った。小田島雄志訳もいいので一部引用した。松岡和子訳もいい。福田恆存訳も上演を前提としている点で学ぶところが多い。それを言い出せば中野好夫も小津次郎も捨てがたく、結局坪内逍遙訳にたどり着く。ただ、河合訳は同時代の英国演劇すべてを視野に入れ、かつシェイクスピアの諸本を厳密に校合した上の翻訳なので絶対的に信頼できる。

作品は二重カギで括った。カッコ内の年代は、脱稿年次ではなく初演年次である。引用は最小限にとどめた。引用文中の著者の注釈は〔　〕で補った。

目次

第四章 愛

第五章　旅

第六章　怪

第一章　時間

時間的芸術と空間的芸術

ある演劇が午後七時に開演したとする。あなたは、少し遅れて七時一〇分に劇場に入った。そのため、最初の一〇分間に舞台上で起きた出来事を見逃してしまった。あとあと振り返ってみると、見逃したのは非常に重要な場面で、遅刻したために話の筋をつかむことができなかった。

「もう少し早く家を出ていたら」

あなたは後悔する。

話はかわって、お気に入りの画家の展覧会が、ある美術館で開かれていたとする。

あなたは、是非見に行かなければと思う。開館時間は午前一〇時から夕方の五時まで。昼食をすませたあと、ゆっくり身支度をして出かけた。

午後一時に美術館に着いた。あなたは時間の許す限り、その展覧会を堪能することができた。特に気に入った絵の前では何分も立ち止まり、また引き返してその絵を見たりした。絵画を鑑賞するという行為において、あなたは時間を思いのままに使うことができた。

いま、私は演劇と絵画の話をした。

二つの話からわかるのは次のようなことである。

演劇を鑑賞するあなたは、その時間を思うように支配できない。これに対して、絵画を鑑賞する場合、時間はあなたの支配下にある。

古代ギリシャの哲学者・アリストテレス（紀元前三八四―紀元前三二二年）によると、演劇には「初め」と「中間」と「終わり」があるという。一方、絵画にはいつ始まっていつ終わるということがない。言い換えれば、演劇には時間があるが、絵画には時間がない。

演劇と同じ性格を持つものに音楽や映画がある。どちらも、いったん演奏や上映が始まってしまえば、あなたは勝手に先を急いだり、聞き逃したり見逃したフレーズや場面をプレイバックすることができない。また、途中で演奏や上映をストップさせて休息することもできない。

「ＣＤやＤＶＤやブルーレイがあるじゃないか」

そういう人がいるかも知れない。インターネット上での動画配信もある。音楽の場合は、ライブ演奏よりもこうしたメディアによって享受することの方が多いだろう。しかしいまそのことは考えないでおこう。好きな部分だけ再生したり、一時停止したりするのは本来の鑑賞態度ではないし、作り手もそれを望んではいないだろう。

作り手は自分の時間を勝手にコントロールされたくないものだ。

話が脇道にそれたが、いま確認しておきたいことは、時間に関する限り、芸術には演劇・音楽・映画のグループと絵画のグループがあるということだ。

演劇・音楽・映画のグループを「時間的芸術」と呼ぶ。一方、絵画は彫刻や建築と同じ仲間であり、鑑賞者は時間に左右されないので時間的芸術ではない。だが、これらは形をもち、目に見えるので「空間的芸術」と呼ぶことができる。

音楽には目に見える「形」がない。つまり空間をもたないので、「時間的芸術」ではあっても「空間的芸術」ではない。一方、演劇と映画は目に見えるので「時間的芸術」であると同時に「空間的芸術」でもある。

このように芸術は、「時間的芸術」「空間的芸術」、あるいはその両方、というふうに、いくつかのグループに分かれる。

また、音を持つものと持たないもの、言葉を持つものと持たないものなど、芸術はさらに細かく分類することができる。

それを一覧表（次頁）にしてみよう。

一覧表を見ると、演劇と映画やテレビは非常に似た性格を持っていることがわかる。ただし、演劇が常にライブだということは、映画やテレビとの明確な境界線になる。演劇では、演じ手と観客が一回限りの出会いを分かち合う。加えて、演劇には映像に不可欠な編集という作業がない。つまり演劇は、観客と直接対峙し、観客の時間を支配する力が最も強い芸術なのだ。

映画の歴史は一二〇年余り、テレビの歴史は約七〇年、それ以前は演劇の時代だから、映画やテレビの技法の基本的な部分は演劇の中にある。演劇において時間がいかにコントロールされているかを

	詩	音楽	絵画	彫刻	建築	舞踊	演劇	映画	ラジオ	テレビ
視覚性	×	×	○	○	○	○	○	○	×	○
聴覚性	○	○	×	×	×	○	○	○	○	○
空間性	×	×	平面	立体	立体	立体	立体	平面	×	平面
時間性	○	○	×	×	×	○	○	○	○	○
言語性	○	△	×	×	×	△	○	○	○	○
媒体	声	音源 声 スピーカー	キャンバス 印刷物	物体	建築物	音源 声 肉体	セリフ 肉体(人形)	スクリーン スピーカー	スピーカー	モニター スピーカー

考えることは、映画やテレビはもちろん、その他の芸術や文学について考える際のヒントにもなるだろう。

時間の長さ ～観客の時間～

演劇の時間について考える際に、まず問題となるのはその「長さ」だ。演劇の時間を、「長さ」という観点から分類すると次のようになる。

(一) 観客の時間（上演時間）
(二) 筋（プロット）の時間
(三) 物語（ストーリー）の時間

(一)の「観客の時間」とは、演劇が始まってから終わるまで観客が客席で過ごす時間、すなわち「上演時間」を指す。

ここではまず、その上演時間について考えよう。

上演時間は、劇場のつくりや、その演劇が上演されていた当時の慣習や、集客率など、演劇の内容そのものよりも、むしろ外的要因に左右されることが多い。

たとえば、古代ギリシャの劇場は野外の円型舞台だった。もちろん電気照明はないので、演劇は日中上演される。紀元前六世紀に始まった春の大ディオニュシア祭の演劇コンテストでは、一日に三本の悲劇、一本の喜劇、それに「サチュロス劇」という神話をもじった滑稽な劇が一本、計五本が上演された。これが三日間続く。ギリシャ演劇研究者・山形治江は、その上演時間を、悲劇一〇〇分、喜劇九〇分、サチュロス劇六〇分と見積もっている。

また紀元前五世紀に始まった冬のレナイア祭では、一日に少なくとも喜劇三本と悲劇四本が上演された。いずれにせよ、一日に五本（春）または七本（冬）の演劇を上演するために、各々の劇の上演時間は六〇分からせいぜい一〇〇分というふうに制限される。そしてそれは作者が演劇の中で表現したい事柄（内的要因）とはあまり関係がない。

話はかわって、一七世紀のフランス演劇では上演時間は三時間以内と決まっていた。だがその理由はギリシャ演劇とまったく異なる。フランス演劇は室内で上演された。もちろん電気照明はなく、シャンデリアの明かりのもとで行われるのだが、三時間はそのシャンデリアの蠟燭が燃えつきる時間なのだ。

話題を日本に移そう。江戸時代の歌舞伎の上演時間は、なんと一〇時間から一二時間だった。電気照明がなく、かといって木造建築の劇場で蠟燭を使うことは火事の恐れがあるので、昼間の上演が原則だった。そこで江戸時代の人々は、せめて日光が劇場内に差し込む時間をめいっぱい楽しもうと考えた。観客は舞台と同じ明るさの客席（椅子ではない）で飲み食いをし、煙草も吸う。客席は想像以上にざわざわしていたようだが、集中すべき場面ではしっかりと舞台に見入った。また台本もそのように作られていた。

　今度は映画の話をしよう。

　ここで読者にひとつ質問をする。たいていの映画の上映時間が二時間程度なのはどうしてだろう。なぜ三時間以上の映画があまり作られないのだろう。

　様々な答えが想像できる。

「二時間以上は集中できないから」

「あまり長いとお尻が痛くなるから」

　しかし、三時間以上かかるような映画の場合はたいてい休憩が入るから、この答えはあまり説得力がない。『天井桟敷の人々』(一九〇分、一九四五年、フランス)、『七人の侍』(二〇七分、一九五四年、日本)、『アラビアのロレンス』(二〇七分、一九六二年、イギリス)、『旅芸人の記録』(二三〇分、一九七五年、ギリシャ)など、長時間で心に残る名画も少なくない。

　では他に理由は考えられないだろうか。

「三時間より二時間の方が映画会社が儲かるから」

　がっくりするかもしれないが、これがおそらく一番説得力のある答えだろう。

　仮に映画館が午前一〇時に開館し、午後一〇時に閉館するとする。一日の開館時間は一二時間だ。二時間の映画なら五回詰め込むことができるが、三時間の映画なら三回がせいぜいだ。上映時間が長いからといって、それに比例して入場料を高くするわけにはいかないから、回転数の多い方が儲かる計算になる。プロデューサーの意向を反映した劇場公開版より、監督の意図で編集されたディレクターズ・カット版の方が上映時間が長い傾向にあることとそれは無関係ではないだろう。

以上、古代ギリシャ悲劇・一七世紀フランス演劇・江戸時代の歌舞伎・映画と、四つの例を挙げた。上演（上映）時間の違いは、様々な理由によっており、一通りではない。しかし共通するのは、「上演時間は、作品の内容にはあまり左右されない」ということだ。むしろ内容とは別の要因によって上演時間は決定する。

一方、作品の内容は上演時間によって左右される。このことは次節以降で考えていこう。

筋（プロット）と物語（ストーリー）

ここでまず言葉の定義をしておかなければならない。

「プロット plot」と「ストーリー story」だ。ここでは「プロット」を「筋」、「ストーリー」を「物語」と訳しておく。一般的には「筋」と「物語」との区別はつきにくく、混同されがちだが、いまはあくまで演劇の時間を考える上での用語だと考えていただきたい。

プロットとストーリーは小説の考え方でもある。Ｅ・Ｍ・フォスターは両者の違いを次のように説明している。

プロットもストーリーと同じく、時間の進行に従って意見や出来事を語ったものですが、ただしプロットは、それらの事件や出来事の因果関係に重点が置かれます。つまり、「王様が死に、それから王妃が死んだ」といえばストーリーですが、「王様が死に、そして悲しみのために王妃が死んだ」といえばプロットです。〔略〕王妃の死を考えてください。ストーリーなら「それから?」と聞きます。プロットなら「なぜ?」と聞きます。これがストーリーとプロットの根本的な違いです。

（『小説の諸相』）

ただしここでは演劇の時間について考えるので、少し見方を変えて、因果関係ではなく時間の観点からプロットとストーリーの違いを見てみよう。

ソフォクレス作のギリシャ悲劇『オイディプス王』（紀元前四二七年頃）を例にとる。

まず、そのもとになっているギリシャ神話のオイディプス伝説を紹介しよう。箇条書きにすると次のようになる。

①　テーバイのライオス王は妃イオカステとの間に生まれた子を殺せという神託を受ける。

②　王は羊飼いに子供を殺せと命令する。

③　羊飼いは殺すに忍びないので、子供を逆さまにして木につるしておく。

④　百姓が発見して命を救う。子供はオイディプスと名づけられる。

⑤　オイディプスはコリントス王の子供として育てられる。

⑥　オイディプスは自分が父を殺すという予言を聞き、それを未然に防ぐためコリントスを出る。

⑦　街道でオイディプスの二輪車が他の二輪車と喧嘩になり、オイディプスは御者と乗っていた男を殺す。この男こそ、オイディプスの実父ライオスであった。

⑧　旅人に謎をかけて解けない者を殺すという怪物スピンクスがテーバイを不安に陥れる。オイディプスはその謎を解き、スピンクスを退治する。
⑨　オイディプスはテーバイの王に迎えられ、実母イオカステと結婚する。
⑩　何年か後、テーバイの町が飢饉と疫病に悩まされる。
⑪　神託を聞くと、ライオス殺しの犯人を探せとあるので、オイディプスは犯人探しを始める。
⑫　結局犯人はオイディプス本人だとわかる。
⑬　イオカステは自害し、オイディプスは両目をくり貫いて放浪の旅に出る。
⑭　オイディプスは娘アンティゴネーに付き添われ、長い放浪の後に生涯を終える。
①—⑭がオイディプス伝説の「物語（ストーリー）」である。
物語の時間は数十年にわたっており、オイディプスの生涯に起こった出来事が時間に沿って書かれている。ちなみに「story」に「hi」をつけると「history」となるから、物語は歴史の記述と似かよっている。「いつどこで何が起こったか」、これを時間軸に沿って羅列したものが「ストーリー（物語）」なのだ。

オイディプスの生涯を①—⑭の物語に沿ってそのまま舞台にかけるとなると、一〇以上の場面が必要となる。ところが先にも述べたように、古代ギリシャの劇場は野外の円形舞台だった。舞台は様々な角度から観客の目にさらされ、舞台を隠してくれる幕はなく、照明によって劇場内を一時真っ暗にする「暗転」という技術も使えない。装置の転換にはまったく適していないのだ。

これが映画なら、宮殿なり、山の中なり、路上なりを、セットやロケによって撮影し、あとでフィルムをつなぎ合わせれば、時間も空間も自由に飛ばすことができる。しかし演劇はあくまでライブだから、観客の目の前で場面を自由に換えることは難しい。

ところが、この違いを理解するのは、現代人にはなかなか難しいらしい。

私はよく、大学の授業で学生に次のような問題を出す。

「オイディプス伝説を演劇にする場合、あなたは①—⑭のうち、どの場面を採用しますか」

たいていの学生は①—⑭のうち、五、六場面を飛び飛びに選んでしまう。日ごろ映像に慣れてしまっているせいか、場面を換えることの難しさを実感していないのだ。

しかしソフォクレスは現代人のような答えを準備してはいなかった。ソフォクレスだけではなく、古代ギリシャの人々はみな次のように考えた。

最も劇的な一つの場面だけにしぼり、その場面に起こった出来事のみを舞台で見せ、過去の出来事は登場人物のセリフの中で表現してしまおう。

そうなると⑩—⑬の場面だけを見せればいいということになる。場所は宮殿前の一ヶ所で済む。

そこで今度はギリシャ悲劇『オイディプス王』のあらすじを紹介する。

テバイの国に疫病が流行する。赤子も田畑も家畜も死に瀕していた。オイディプスはかつて怪物スフィンクスの謎を解き、テバイの国を救った男である。民衆は王となったオイディプスが再びこの国を救うことを嘆願に来る。オイディプスはアポロンに伺いをたてる。神託は、先王ライオスを殺害した下手人を探し出し、国を汚した罪人を追放もしくは流された血を血によって罰せよ、すれば、国は救われると命ずる。オイディプスは国を救うため再び犯人探しの謎解きを開始する。

オイディプスは盲目の予言者テイレシアスに尋ねるが、何故か答えない。憤った王は予言者を犯人の一味と言って罵る。怒った予言者は、犯人は「オイディプス、あなた自身だ」と言って立ち去る。妃イオカステが、予言者の言うことなぞあてにならぬと言って夫オイディプスを慰める。その慰めの言葉が、オイディプスに新たな不安を与える。それは「先王ライオスとイオカステの子供が、父を殺し母と結婚するという予言があったが、子供は山奥で始末させた。しかも、息子に殺されるはずのライオスは三道の筋のあわさるところで、自分の子供の手によってではなく盗賊に襲われて殺された」というものであった。オイディプスはこの妃の慰めの言葉を聞いて、逆に心揺らぎ胸騒ぐのであった。それは、オイディプス自身もまた、三道の筋のあわさるところで老人を一人殺していたからである。

先王ライオス殺害の現場から逃げ帰った一人の家来がいた。この男の報告では、先王は盗賊に襲われたというものであった。オイディプスは一人であった。盗賊なら複数である。逃げ帰った男が証言に引き出された。ところが、この男がなんと先王の子供を山奥で処置することを命じられた人間と同一人物ということが――オイディプスがコリントス王の実子でないことを告げるコリントスの使者によって――明らかになる。何故なら、コリントスの使者は、証人に呼び出された家来（男）の手から、赤子を受け取った人間なのであった。そして、その赤子はオイディプスであったのだ。オイディプスは、自分がライオスとイオカステの子供であり、テバイに汚れをもたらした下手人その人であり、神託どおりの運命を生きた人間であることを、目の当りにする。オイディプスは両眼を貫き、自分の忌わしき運命を嘆き、国外追放を嘆願して、この劇は終わる。

（菊川徳之助『実践的演劇の世界』）

注意深く読んでいただければわかることだが、『オイディプス王』という劇のあらすじに書かれた出来事は、①—⑭のストーリー（物語）のうち、⑩—⑬の時間におさまってしまう。オイディプスが自分の目を貫くのは⑬にあたるが、ギリシャ劇ではこのような行為は観客の目の前では行われない。それは家来の報告で知らされ、そのあとオイディプスの俳優は目を貫かれた仮面を付け替えて登場する（ギリシャ劇は仮面劇である）。したがって場面は最初から最後まで換わらず、テーバイの宮殿の一ヶ所ですむ。

⑩—⑬の中で起こる出来事、すなわち観客の目の前で起こる出来事、これが「筋（プロット）」なのだ。小説の場合は因果関係の有無によってストーリーとプロットを区別したが、演劇の場合、問題となるのは両者の時間差だ。

時間の長さ～筋（プロット）の時間と物語（ストーリー）の時間～

「観客の時間（上演時間）」は、観客が客席で過ごす実際の時間のことだった。これに対して「筋

（プロット）の時間」は、舞台の上で劇中の人物たちが過ごす時間である。そして「物語（ストーリー）の時間」は、「筋の時間」の過去と未来の両方に向かって（場合によっては「プロットの時間」の間に挟まるかたちで）長々と延びる時間であり、舞台には現れない時間である。

そして観客の時間と筋の時間が近ければ近いほど、観客は無理なく舞台上の出来事に引き込まれる道理だ。

『オイディプス王』の「物語」が数十年にわたるのに対し、「筋」は数時間の出来事にすぎない。長い物語のうち、最も劇的な場面にすべてを畳み込んで表現したのである。一日のうちに、偶然に何人もの証人が登場し、オイディプスが父殺しであることが明白になるというのは、実はかなり無理な設定だ。しかし「観客の時間（上演時間）」の長さと「筋の時間」の長さが近いので観客は時間の経過をリアルに体感する。筋が面白く言葉が豊かであればなおさら、違和感なく舞台に引き込まれることになる。

つまり「筋の時間」は「観客の時間（上演時間）」にさほど影響を与えないが、逆に「観客の時間」は「筋の時間」に制約を与える。少なくともこのことはギリシャ悲劇について言えるだろう。

ところで、古代ギリシャの哲学者アリストテレスは『詩学』の中で、悲劇のあるべき条件を定義している。簡潔にまとめると次のようになるだろう。

1　初めと中間と終わりがあること
2　全体がある一定の大きさをもっていること

3　「逆転と認知」があること
4　「おそれ」と「あわれみ」の感情を観客に与え、最後にカタルシス（浄化作用）がもたらされること

1の「初めと中間と終わり」は「起承転結」や「序破急」などの言葉で言い換えられる。当たり前のことのようだが、実はすべての演劇に通用する原則ではない。たとえば、歌舞伎ではこの考え方は希薄だった。歌舞伎が昼間行われたことは先に述べたが、暗くなってこれ以上続けられないとなると歌舞伎役者は途中で演技をやめ、観客に向かって「今日はまずこれきり」と一礼して終わりにした。したがって歌舞伎に「終わり」はない。また、上演期間中に最後の場面まで観客に見せるために、最初の場面を端折ったり途中をカットしたりして筋を編集していった。そうなると歌舞伎には「初め」も「中間」もないのかもしれない。

2の「全体がある一定の大きさをもっていること」というのは、長すぎても短かすぎても全体が理解できないということだ。アリは巨大な象の足もとをいくら歩きまわっても、象の全身を見ることができない。また象にはアリが小さすぎて見えない。演劇には時間的にも空間的にも、全体を見渡せる適当な「大きさ」が必要だ。

3が筋の時間を説明する上で最も重要な考え方といえる。『オイディプス王』では、コリントスからの使者がオイディプスの無実を証明してよろこばせようと登場した。しかしその結果、オイディプスが父殺しの犯人だということが決定的になる。つまり登場人物の行為が当初の目的と正反対の方向

に「逆転」する。そしてこの行為の結果起きた「逆転」を登場人物と観客が「認知」することで悲劇は成立する。『オイディプス王』の場合、逆転と認知が同時に生じる。アリストテレスがこの作品を高く評価するゆえんだ。なお「逆転と認知」には蓋然性と必然性が必要だという。こじつけで作られた筋ではなく、当然そうなるだろう、必ずそうなるに違いないという筋でないとその作品は駄作におちる。

4は3にともなって起きる感情といえる。「逆転」と「認知」の度合いがはなはだしいほど「恐怖」と「あわれみ」の感情は強くなり、その分「カタルシス（浄化作用）」を感じることができる。「カタルシス」というのは、おなかにたまっていたものが排出されてすっきりするのに似た感覚を、心の中に生じさせる作用だと思っていただければよい。

ところで、『オイディプス王』は「最初の推理劇」だと言われる。小説が現れるのは、はるか一〇〇〇年もあとのことだから、「推理小説の元祖」という言い方もできる。推理小説は、登場人物と読者（観客）が一緒に犯人捜しをするから「推理」小説として成立するのであって、①―④の場面を出してオイディプスの出生の秘密を知らせたり、⑦の殺人場面を見せてライオス殺しの犯人を明らかにしてしまったりすると、「推理」の余地がなくなってしまう。「物語」を最初から全部見せてしまっては推理劇にならないのだ。もっとも、古代ギリシャの観客のほとんどはオイディプス伝説を知っていたから、実際には犯人捜しに心踊らせはしなかったと思われるが、この作品が推理劇のスタイルをとることによって、観客がオイディプス伝説をまざまざと追体験したことは容易に想像できる。

繰り返すが、物語（ストーリー）は筋（プロット）の背後に隠れており、筋よりはるかに長い時間を持っている。逆の言い方をすれば、筋は物語の時間を切り取って現れてくる。

これとは対照的に、物語（ストーリー）と筋（プロット）がほとんど重なるかたちで展開される小説や演劇もある。このタイプのものは時間と場所がめまぐるしく変わり、展開の面白さで読者や観客を惹きつける。特に小説の場合は、演劇のように劇場のつくりや慣習の制約を受けないので、自由に時空を飛ぶのは不自然でない。

一方演劇の場合、場面転換が難しいということはすでに述べた。しかし、小説の歴史がたかだか四〇〇年しかないのに比べ、演劇は二五〇〇年に及ぶ歴史を持っている。この長い歴史の中で、演劇に関わる人々は時空を飛ぶための様々な工夫をこらしてきた。それは次に説明するが、ここでは物語と筋の時間差によって演劇のタイプがある程度決まるということを確認しておきたい。

古典主義的演劇とバロック的演劇

これまで『オイディプス王』を題材に演劇の時間について話を進めてきたが、ここではこれとは対照的な作品を扱ってみよう。

英国のウィリアム・シェイクスピア（一五六四―一六一六年）の悲劇『ロミオとジュリエット』（一五九五年）の各場面における時と場所を一覧表にしてみた。最初にことわっておくが、幕（Act）と場（Scene）は後世便宜上分けたもので、シェイクスピア自身は台本に場割りを明示していない（コラム

幕	場	時間	場所
第一幕	第一場	日曜の朝九時前後	ヴェローナ、街上
	第二場	日曜の午後	ヴェローナ、街上
	第三場	日曜の宵	ヴェローナ、キャピュレット邸の一室
	第四場	日曜の宵	ヴェローナ、街上
	第五場	日曜の夜	ヴェローナ、キャピュレット邸の広間
第二幕	第一場	日曜の夜	ヴェローナ、キャピュレット邸の庭園
	第二場	日曜の夜	ヴェローナ、キャピュレット邸の庭園
	第三場	月曜の早朝	ヴェローナ、ロレンス神父の庵室
	第四場	月曜の朝九時前後	ヴェローナ、街上
	第五場	月曜の昼頃	ヴェローナ、キャピュレット邸の庭園
	第六場	月曜の午後	ヴェローナ、ロレンス神父の庵室
第三幕	第一場	月曜の午後	ヴェローナ、街上
	第二場	月曜の午後	ヴェローナ、キャピュレット邸の庭園
	第三場	月曜の夜	ヴェローナ、ロレンス神父の庵室
	第四場	月曜の夜	ヴェローナ、キャピュレット邸の一室
	第五場	火曜の早朝	ヴェローナ、キャピュレット邸の庭園
第四幕	第一場	火曜	ヴェローナ、ロレンス神父の庵室
	第二場	水曜または火曜	ヴェローナ、キャピュレット邸の広間
	第三場	水曜の夜	ヴェローナ、キャピュレット邸、ジュリエットの居間
	第四場	木曜の早朝	ヴェローナ、キャピュレット邸の広間
	第五場	木曜の早朝	ヴェローナ、キャピュレット邸、ジュリエットの居間
第五幕	第一場	金曜の朝	マンチュア、街上
	第二場	金曜の午後	ヴェローナ、ロレンス神父の庵室
	第三場	金曜の夜	ヴェローナ、墓場

①参照)。

『ロミオとジュリエット』は実に全五幕、計二四場からなる。筋の時間は、せりふから読みとる限り日曜から金曜まで六日間にわたると思われる。

第四幕第二場の曜日が二通り考えられるのは、ジュリエットが第四幕第一場のロレンス神父の庵室から戻ってきた直後、つまり火曜のはずなのに、「明日」が木曜日に予定されているジュリエットの結婚式という設定になっているからだ。単純なミスかどうかは議論の分かれるところだが、シェイクスピアが時間に無頓着だったとする考え方もある。

それはともかく、これほど場面が多いからには、上演時間はさぞ長いだろうと思われるかも知れない。しかし『ロミオとジュリエット』は現在ノーカットで上演しても一度の休憩をはさんで二時間半から三時間程度で終わる。

では場面転換はどのようにするのだろう。いちいち舞台装置を置き換えるのだろうか。

実は、何もしないのだ。

シェイクスピアの時代の英国の劇場は、屋根付きの舞台が客席に向かって張り出し、三方を観客に取り囲まれるかたちだった。舞台を囲む一階席は庶民向けの立ち見席で、この部分には屋根がない。そしてそのまわりを、屋根のある三階建ての桟敷席《さじき》(貴族や金持ちのための席)が取り巻いている。劇場全体の形は円形に近い正多角形だったと言われている。

「第○幕第○場」と書くと幕があるような誤解を招くが、「幕」は「Act」の、「場」は「Scene」の日本語訳で、もともと「幕」の意味はない。観客に向かって張り出した舞台に幕を引くことは不可能だ。ギリシャ劇同様、シェイクスピア時代の劇場にも幕はなかった。役者は背後の二つの扉から登退場をすることになる。舞台には特にその場面を示す舞台装置は置かれない、というか置きようがない。

特に装置がなくても、現在の場面の人物たちが退場し、次の場面の人物たちが登場したら、場面が換わるという約束事だ。

同じ何もない裸舞台でも、古代のギリシャ人と一六―一七世紀の英国人とでは考え方が一八〇度異なっていたことがわかる。

ギリシャ人は、裸舞台だから場面を換えずに固定し、筋の時間を短くして物語をここに凝縮しようとした。逆に、英国人は、裸舞台だからこそ、自由に空想の羽を拡げ、どの場所にも、どの時間にも飛べると考えた。

シェイクスピアの『ヘンリー五世』(一五九九年)の冒頭には「説明役」(あるいは「序詞役」)というのが登場して、次のようなことを観客に向かって語りかける。その一部、といっても長くなるが、英国人の演劇に対する考え方を実によく表現しているので引用しよう。

…皆様、どうかお許しを、
われら愚鈍凡庸な役者たちが、この見すぼらしい舞台で、
かくも偉大な主題をめぐる芝居をあえて演じますことを。
この闘鶏場のごとき小屋に、はたしてフランスの大戦場を

収めうるでしょうか？　このO字型の木造小屋に
かのアジンコートの空をふるえおののかせた
おびただしい冑《かぶと》を詰めこみうるでしょうか？　ああ、
どうかお許しを！　このOの字は数字で言えばゼロですが、
末尾につけば百万をもあらわすことができます、そして
百万にたいしてゼロのごときわれらは、ひとえに
皆様の想像力におすがりするほかありません。
どうかご想像願います、いまこの小屋のなかに
イギリス、フランスの二大強国が閉じこめられ、
それぞれの突き出たそそり立つ前線は
危険な海峡によって引き裂かれていると。
われらのたらざるところを、皆様の想像力でもって
どうか補ってください、一人の役者は千人をあらわし、
そこに無数の大軍がいるものと思い描いてください。
われらが馬と言うときは、誇らしげな蹄《ひづめ》を大地に印する
馬どもの姿を目にしているものとお考えください。
国王たちを美々しく飾り立てるのも、彼らを自由に

別の場所に移すのも、時間を飛び越えて、実際は
数年間にわたって積みかさねられた出来事を
砂時計の一時間に変えるのも、皆様の想像力次第です。
（小田島雄志訳『ヘンリー五世』）

『ヘンリー五世』はイングランド（いまの英国の一部）とフランスの戦争を描いた壮大な作品で、戦闘シーンなどもあるのだが、何もない空間にそのものずばりを再現することは難しい。だから観客に向かって「皆様の想像力におすがりするほかありません」と呼びかけるのだ。ただし、観客がいくら想像力を働かせようと努めても、肝腎のセリフが平凡では難しい。シェイクスピアのセリフは全体の約七割が詩の形式をとっており、観客の想像力をかき立てる役割を果たしている。シェイクスピアが日常会話ではなく詩のかたちでセリフを書いた理由は、他にもいくつか考えられるが、少なくとも場面と時間を次々と前に進めていくための強力な武器がセリフであったことはたしかだろう。

演劇の時間に話題を戻そう。

シェイクスピアの作品においては、場面が頻繁に換わり、時間が前へ前へと進むことがわかった。この場合、筋（プロット）は物語（ストーリー）と同じ足並みで進んでいくことになる。ギリシャ悲劇とはまったく骨格が異なるのである。

ここで、演劇学者・河竹登志夫に倣い、二つの演劇のタイプについて分類上の名前を与えておこう。ギリシャ悲劇のようなタイプの演劇を「古典主義的演劇」といい、シェイクスピアのようなタイプを「バロック的演劇」（あるいは「非古典主義的演劇」）と呼ぶ。

最初に「古典主義的演劇」の考え方を示したのはアリストテレスであった。この考え方は一七世紀のフランス古典主義演劇において厳密化され、次のような劇作上の法則となる。

1　時の単一……劇中流れる時間は飛んだり遡ったりせず、なるたけ上演時間に近いようにする（一日を超えないようにする）。

2　所の単一……場面は一ヶ所にする。

3　筋の単一……原則として主人公は一人であり、その主人公が一つの目的に向かって行動する。したがって脇筋（サブプロット）を持たない。

時・所・筋の三つの要素がすべて単一なので、これを「三単一の法則」（「三一致の法則」とも）と呼ぶ。

この「法則」は一七世紀のフランスではよほど大切にされていたらしく、大作家ピエール・コルネイユ（一六〇六―八四年）が「法則」を破って『ル・シッド』（一六三七年）を書いたときにはその是非をめぐって「ル・シッド論争」という大論争に発展した。

また、喜劇作家モリエール（一六二二―七三年）は『ドン・ジュアン』（一六六五年）の冒頭でスガナレルという召使いに次のようなセリフを言わせている。

アリストテレスがなんと言おうと、哲学が束になってかかってこようと、煙草にまさるものはあるまい。

これは煙草の是非についてのコメントではない。だいいち煙草はアメリカ大陸から輸入されたもので、アリストテレスの時代にはない。このセリフは、「この劇では三単一の法則を破りますよ」というモリエール自身の宣言なのだ。「三単一の法則」を破ることは、それほど勇気のいることだったし、逆に「法則」にのっとって劇を書くことは、当時としてはごく自然なことだった。というより、ゲームを行うためにルールを遵守するという意識が働いていたに違いない。演劇や文学とゲームの関係については次章で触れる。

ここで「古典主義的演劇」と「バロック的演劇」を定義しなおすと、「三単一の法則」を守る傾向にある演劇のタイプが「古典主義的演劇」であり、法則にとらわれない演劇のタイプが「バロック的演劇」ということになる。

日本の歌舞伎や人形浄瑠璃はシェイクスピア同様「バロック的演劇」である。歌舞伎や人形浄瑠璃の作品も、やはり多くの場面からなり、筋の時間は長く、筋は入りくんでいる。ただし場面の転換の仕方は、シェイクスピアとはまったく正反対だった。

歌舞伎や人形浄瑠璃では、場面がかわるごとに、いちいち舞台装置を組み換えたのである。シェイクスピア時代の英国人は、言葉の力で観客の想像力をかき立て、何もない舞台空間にあたかもその場面が存在するかのような錯覚を与えた。これに対して歌舞伎や人形浄瑠璃では、一目でそれとわかるような具体的な舞台装置を組み立てて観客の理解を容易にした。

人形浄瑠璃は人形劇なので、装置の転換は比較的易しいが、歌舞伎で生身の人間が使用する舞台装置を頻繁に転換するためには工夫が要る。

まず、どんな場面でも使い回しのきくよう、大道具のパーツの規格を揃えた。現在、どの劇場にも、どのテレビ局にもある「平台《ひらだい》」「箱馬《はこうま》」（コラム②参照）というのがそれである。さらに、廻り舞台という日本独自の舞台機構を開発し、幕を引かずに観客の目の前で場面転換ができるようにした。

古代ギリシャでは何もない舞台ゆえに場面を一ヶ所に固定したことはすでに述べた。一九世紀末から二〇世紀初めのいわゆる「近代自然主義リアリズム演劇」は、具体的舞台装置つまり本物そっくりな装置を作るが、タイプとしては「古典主義的演劇」に属する。筋の時間は短く、場面はほとんど換わらず、よけいな脇筋を持たないからである。

場面数と舞台装置の関係について一覧表にすると次のようになる。

舞台装置	ない	ある
バロック的演劇（場面は複数）	舞台装置がないので、どのような場面かは観客の想像力に委ねる ↓シェイクスピア、能・狂言	舞台装置の転換は廻り舞台などの舞台機構によって行い、複数の場面を設定する ↓歌舞伎・人形浄瑠璃
古典主義的演劇（場面はひとつ）	舞台装置がないので一場面に限定する ↓ギリシャ劇、フランス古典主義演劇	舞台装置はあるが、転換が難しいので（または意図的に転換をせず）一場面に限定する ↓近代リアリズム演劇

以上、演劇のタイプは大きく二つに分かれ、「時間の長さ」がそのタイプを決定する要因として重要であることがわかった。ただし、「古典主義的演劇」「バロック的演劇」の二分法はあくまで振り子

がどちらかに振れるかという基準であるとご理解願いたい。振り子であるからには、どちらかに振りきれる場合が多いのであるが、その中間に位置するものもなくはない。

時間の密度

ここまでは、もっぱら時間の「長さ」について述べてきた。それを箇条書きにまとめると次のようになる。

1　演劇の時間には「観客の時間（上演時間）」「筋（プロット）の時間」「物語（ストーリー）の時間」の三通りがある。

2　「観客の時間」は「筋の時間」や「物語の時間」の影響をほとんど受けず、むしろ外的要因によって左右されることが多い。

3　古今東西の演劇は「三単一の法則」を守る「古典主義的演劇」と、そうでない「バロック的演劇」に大別される。前者では「筋の時間」と「物語の時間」の差が大きく、後者では小さい。また前者は後者に比べ、「筋の時間」と「観客の時間」が接近する傾向にある。

「長さ」については概ねいま述べた通りなのだが、では時間の足どりについてはどうなのだろうか。つまり、ある長さの場面の中で、時間が飛んだり、あるいは早くなったり遅くなったりすることはないのだろうか。時間は常に均等な「密度」をもっているのだろうか。

ここでは時の「伸縮」つまり「伸張」と「圧縮」について考えよう。

まず一般的には、幕間（場面を転換する間の休憩時間）に時間はスキップする。これは珍しいことではない。厳密に「法則」を守ったフランス古典主義演劇でさえ、幕と幕の間で微妙に時間が飛ぶ。ただしこれは幕と幕の間にしか時間の微調整が許されないためである。フランス古典主義演劇は五幕からなる詩劇だが、各幕の観客の時間は均等で、かつ一幕（一場面）中の筋の時間は観客の時間と極力一致させるべきだと考えられた。

一方、バロック的演劇に属する歌舞伎や人形浄瑠璃では、観客の目の前で時間を圧縮・伸張させることがしばしば行われる。

たとえば歌舞伎や浄瑠璃の「道行」では時間が「圧縮」される。「道行」とは、人物がある地点から別の地点に向かって移動する場面をいう。途中に立ち寄る地名と人物の心情を「掛詞」や「縁語」といった日本独自の言葉の技術によって結びつけながら、空間移動するのがその特徴だ。

歌舞伎の『仮名手本忠臣蔵』の「道行旅路の花婿」（落人）ではお軽・勘平のカップルが鎌倉から京都まで、百里も離れた空間を数十分で旅してしまう。舞台装置は換えず、富士が背景に見える東海道でこの長い旅が再現される。場面が固定されているのに空間移動が表現として成り立つのは、道行が踊りをともなった音楽的表現をとることと関係があると思われる。道行については第五章を参照されたい。

もうひとつ時間の圧縮の例を挙げよう。狂言の『棒縛《ぼうしばり》』では、召使いの太郎冠者・次郎冠者が主人の留守の間に酒を盗んで飲む。主人が「山ひとつあなた」つまり山越えをして用を足し、戻ってくると、二人の召使いが酔っ払っている。二人はさんざんにこらしめられる。ただこれだけの話だが、『棒縛』という題名が示すように、召使い二人は酒を盗み飲みしないようにあらかじめ縛られており、その不自由な状態で酒を飲む様がたまらなくおかしい。

この『棒縛』の上演時間は約三〇分である。ところが筋の時間は「山ひとつあなた」から戻ってくるまでの時間だから、半日から一日は進む計算になる。観客がこれにまったく不自然さを感じないのは、狂言が能舞台という何もない裸舞台で行われるということもあるが、狂言中幾度も挿入される小《こ》謡《うたい》が筋の時間を進めていると考えられる。二人の召使いは数度しか盃を重ねないのに、間に音楽的表現が挿入されることで、何度も盃のやりとりがあり、時間が経過したような錯覚を与える。つまり時間が圧縮されるのだ。

今度は反対に時間の「伸張」について述べよう。

時間を「伸張」させる技法としては、浄瑠璃の「物語」や「クドキ」が挙げられる。

ここでいう「物語」は「ストーリー」の意味ではない。主に男性の人物が過去の出来事を種明かし風に語って再現するのである。「クドキ」では、脳裏に繰り返しよみがえるとりかえしのつかない過去の出来事を、女性の人物が悔恨をこめて話す。いずれの場合も、実際にその内容を話せばはるかに短いはずだが、観客の時間はゆっくりと過ぎる。いずれも義太夫節（浄瑠璃）の語りの文体と伴奏に使用される三味線が時間の伸張を助けていると考えられる。

日常的な言葉なら数行ですむセリフに数十行を費やすシェイクスピアのセリフも、時間の「伸張」

にあたる。

『ロミオとジュリエット』第三幕第三場には、殺人を犯して追放されることが決まり自暴自棄になったロミオを、ロレンス神父がいさめる場面がある。日常会話なら次のようになるだろう。

しっかりしろ、お前は男だろう。死刑を免れただけでも幸運だと思え。まずジュリエットの所へ行ってなぐさめてやるのだ。それからマンチュアへ行って身を隠していろ。今後のことは何とかしてやる。それまでがまんするのだ。

これがシェイクスピアの詩の言葉にかかると、五〇行もの長ゼリフになる。初めて読んだ人は、なんてまわりくどい言い回しをするのかと思われることだろう。

私はかつてロンドンの演劇学校（ＬＡＭＤＡ）のサマー・ワークショップに参加して、このロレンス神父の役を演じたことがある（もちろん英語で）。長ゼリフは三頁に及んでいた。最初は当惑しあきれもしたが、シェイクスピアのセリフを声に出して読むうち、言葉の素晴らしさとそのリズムの美しさにすっかり魅了されてしまった。実際には数秒で終わるはずのやりとりに数分もかかるのだが、まったく劇の世界をこわさないどころか、より豊かな表現が目の前に開けてくるのを実感したことを覚えている。

シェイクスピアのセリフの約七割は詩の形式だと先に述べたが、その詩形は「弱強五歩格」（iambic pentameter）の「無韻詩」（blank verse）である。一行に弱・強（あるいは短・長）ひと組の母音が五組、計一〇音からなる詩の形式で、韻はふまない（blank は無韻の意である）。シェイクスピアの劇が、歌舞伎や人形浄瑠璃ほど楽器の助けを借りないのは、セリフそのものに音楽性があるということに他ならない。

ところで先に『ロミオとジュリエット』の説明をした際に、シェイクスピアは時間に無頓着だった可能性があるということを述べた。実際、シェイクスピアの作品を鑑賞していると、時間が自在に伸び縮みするような印象を受けることがある。

『オセロ』（一六〇三―四年）では、第一幕がベニス、第二幕から第五幕まではキプロスが舞台となっている。キプロスでは「筋の時間」はたった二日しか経過していない。ところが観客にはそれが数ヶ月の出来事のように感じられるし、実際登場人物もそのように振る舞っているように見える。「筋の時間」でも「物語の時間」でもなく、もちろん「観客の時間」でもない、第四の時間を観客は体験しているのだ。これを「ideal time」と呼ぶ。「概念上の時間」とでも訳すべきだろうか。

一方『ロミオとジュリエット』では「筋の時間」は六日間だった。しかし観客にはもっと速く時間が経過するように感じられる。この疾走感こそ『ロミオとジュリエット』の生命だと言ってよいだろう。『ロミオとジュリエット』では『オセロ』とは逆に、「ideal time」は筋の時間より短いのだ。

このように、「筋の時間」と「観客が感じる概念上の時間」が同時に作品中に流れている現象を「double time」という。シェイクスピアがこれを意識して作品を書いたかどうかはあやしいが、言葉の力が観客に錯覚を起こさせることは誰もが認めることだろう。

このように、何らかの音楽性をともなったときに、時間は伸び縮みをする傾向をもつようだ。音楽性を持つということは、詩的表現をとることになる。つまりセリフが日常会話から遠ざかれば遠ざかるほど、時間は自在にコントロールできるということだ。

筋の時制 〜その魔術〜

もうひとつ、時間の「圧縮」「伸張」とは別の次元で観客に錯覚を起こさせる例を挙げよう。「登場人物はどの時制を生きているのか」という問題である。

人形浄瑠璃の名作『義経千本桜』（一七四七延享四年）では、源平の戦いで死んだはずの平知盛が、実は生きていたという設定になっている。知盛は船宿の亭主に身をやつして、やはり死んだはずの安徳天皇をかくまいながら、源義経への復讐の機会をうかがっているのだ。知盛の計算通り、義経一行はその船宿に逗留したあと、九州をめざして出航してゆく。知盛は自分自身の幽霊に扮して海上で義経を襲う。結果的に知盛は敗れ、安徳天皇は義経の保護するところとなる。

さてこの知盛の幽霊なのだが、その幽霊が義経の船を襲うという能の『船弁慶』の趣向をそのまま借りている。

史実の知盛は一一八五年、壇ノ浦で入水した。能の『船弁慶』は室町時代に書かれた。そして『義経千本桜』は一七四七年に初演された。『義経千本桜』の登場人物は一一八五年ではなく、一七四七年現在の衣裳を着て、当時の現代語を話す。船宿の他にすし屋の場面が出てくるが、船宿もすし屋も一七四七年現在のものであって、源平の時代には存在しない。そして、義経との戦いをひかえた知盛は、『船弁慶』の幽霊の扮装をして、幽霊気分たっぷりに出陣していく。『船弁慶』を知らなければあり得ないことだ。

いったい、この知盛はいつの時制を生きているのだろうか。

知盛は、一一八五年に死んだ歴史上の人物でありながら、同時に一七四七年の「いま」を生きているのだ。そして敗北を悟って自ら西海に没していくとき、再び一一八五年の世界に戻ってゆく。

『義経千本桜』の不思議な時制にふれるとき、ジェームズ・キャメロン監督の映画『ターミネーター』（一九八四年）を思い起こさずにはいられない。

あらすじはこうである。

近未来の世界では、人工知能「スカイネット」が人間を支配するようになっていた。しかし人間側の抵抗軍の英雄的指導者ジョン・コナーの活躍によって、スカイネットは危機的状況におちいる。そこでスカイネットが考えたことは、過去に戻ってジョン・コナーの母親サラ・コナー（リンダ・ハミルトン）を殺せば、息子のジョンは生まれて来ず、抵抗軍の反乱も起きないだろうということだった。そこでサラ・コナー暗殺のため、ターミネーター（アーノルド・シュワルツェネッガー）が未来から現在に送り込まれる。これを知ったジョン・コナーは、母の暗殺を未然に防ぐために部下のカイル（マイケル・ビーン）を未来から派遣する。何も知らずターミネーターの恐怖から逃れるうち、サラ・コナーはカイルと恋愛関係になる。カイルはターミネーターとの死闘の末死ぬが、ターミネーターもまた息の根をとめられる。残されたサラは、カイルとの間にできた子どもを妊娠していた。この子どもが将来ジョン・コナーとなって抵抗軍を率いることになる。

「ジョン・コナーの反乱軍」→「ターミネーターとカイルのタイムスリップ」→「サラ・コナーの妊娠（ジョン・コナーの誕生）」の円環が、どこか「史実」→『船弁慶』→『義経千本桜』の知盛の円環に似てはいないだろうか。

私は『ターミネーター』の脚本・監督にあたったジェームズ・キャメロンを「時間の魔術師」とひそかに呼んでいる。キャメロンには『タイタニック』（一九九七年）という大ヒット作があり、ここでも時間の魔術師ぶりが遺憾なく発揮されているのだが、それは別の機会に述べよう。

『真昼の決闘』

最後に社会派の巨匠フレッド・ジンネマンの『真昼の決闘』（一九五二年）に触れておかなければならない。『真昼の決闘』は、映画の長さと映画の中で流れる時間をぴたりと一致させた作品だった。つまり観客の時間と筋の時間が同じなのだ。

保安官ケイン（ゲーリー・クーパー）は、自分がかつて逮捕した無法者フランク一味が釈放され、自分に復讐をするためにやってくることを知る。一味が町に着くのは約一時間二〇分後の一二時だ（映画の原題は *High Noon*＝「正午」）。ケインはいま結婚式を挙げたばかりで、新妻のエミー（グレース・ケリー）は予定通りハネムーンに出かけようという。しかしケインは町を守るため残る決心をする。ケインはフランク一味と闘うために町民を説得するが、誰も手を貸してくれない。結局ケインはひとりで一味を倒し、エミーと町を捨てて出て行く。

このほろ苦い名作を支えているのは「時間」を操るテクニックだ。画面のフレームに情報をさりげなく入れることにかけては名人級のジンネマンは、幾度となく時計を画面に映し、無法者一味が到着するまでの時間を知らせる。そして一時間と少しの間に、登場人物たちの過去から未来へと延びる人生を凝縮してみせる。

観客の時間と筋の時間を一致させるという試みは、場面転換の難しい演劇だからこそ生まれた智恵で、すでに『オイディプス王』の例などを挙げて説明した通りだ。

一方映画を知りつくしたジンネマンは、映画が時空を自由に飛べるという特性を持っているにもかかわらず、あえて自らに制約を課して『真昼の決闘』を撮った。

制約は創造の母である。

ただし、野球のホームランバッターが、自分の好きなコースから少しだけずれたボールを最も苦手とするように、制約が制約で終わるか創造を生むかは紙一重である。

この紙一重がわかれば、演劇であれ映画であれ、時間を自由にコントロールすることができる。そして時間をコントロールできた者だけが、優れた作品を世に贈れるのである。

〈参考文献〉

河竹登志夫『演劇概論』東京大学出版会、一九七八年

菊川徳之助『実践的演劇の世界』昭和堂、一九九八年
松本仁助・岡道男訳『アリストテレース　詩学・ホラーティウス　詩論』岩波文庫、一九九七年
山形治江『ギリシャ劇大全』論創社、二〇一〇年
E・M・フォスター著、中野康司訳『小説の諸相』中公文庫、二〇二四年

〈テキスト〉

シェイクスピア作、小田島雄志訳『ヘンリー五世』白水Uブックス、一九八三年
モリエール作、鈴木力衛訳『ドン・ジュアン』岩波文庫、一九五二年

コラム① ACTとSCENE

西洋演劇の「ACT」を日本語では「幕」、「SCENE」を「場」と訳す。しかし西洋では物理的な幕がない時代から「ACT」が使われているので、この訳は正確ではない。

オックスフォードの演劇事典は「ACT」を次のように定義する。


劇の一区分。単数または複数のSCENEからなる。（筆者訳）

これ以上でもこれ以下でもない。場面が換わるか、休憩を入れるかという問題はACTの属性に過ぎない。「ACT」の下位概念として「SCENE」があるが、同事典に「SCENE」の項はない。

ACTとSCENEの関係を階層化して明確に示したのはシェイクスピア作品だろう。人物の登退場と同時に場所も換わるのがSCENEで、それがいくつかまとまってACTになり休憩が入る。ただしこの区分はシェイクスピアの死後刊行された二折本の全集（*THE FIRST FOLIO*、一六二三年）で初めて使用されたので、シェイクスピア自身がSCENEを使った事実はない。

全集の編集に関係したベン・ジョンソンは、すでにACTとSCENEを使用していた。ただしジョンソンの場合、場所はそのままで人物の登退場ごとにSCENEを換える。ただしACTの途中の、あるSCENEで突然場所が換わることもある。特段原則はない。

一七世紀後半のフランスのコルネイユやモリエールになると、ACTで場所が換わり、SCENEは人物の登退場のみの区分となる。コルネイユ・モリエール方式を「フレンチ・メソッド」、シェイクスピア方式を「イングリッシュ・メソッド」と呼ぶ。

こうみると、わが国の歌舞伎ほどACT（幕）とSCENE（場）の概念が明確な演劇は珍しい。「幕」はもちろん、「場」の前後でも多くの場合幕を引く。「幕」になると休憩だ。引き幕の発生は一八世紀初頭。以来私たちはこの慣習にどっぷり漬かってきた。しかし私たちの常識は西洋では通用しない。

第二章　自然

美しい自然と恐ろしい自然

ここ数十年で私たち日本人は四つの大地震を経験した。阪神・淡路大震災（一九九五年一月）、東日本大震災（二〇一一年三月）、熊本地震（二〇一六年四月）、そして直近の能登半島地震（二〇二四年一月）である。

私事になる。

一九九五年一月一六日、つまり阪神・淡路大震災の起こる前日、私は京都で研究仲間と文学散歩をしていた。当時住んでいた福岡に戻ったのはその日の夜。明くる日の早朝、テレビには燃える神戸の航空映像が映っていた。信じられない光景だった。一日帰宅が遅ければ私はどこかで足止めをくらって途方に暮れていたに違いない。

あとで知ったのだが、まさにそのとき、後に福岡女学院大学で私の同僚となる大島一利氏は神戸の教会で瓦礫の撤去作業をしていた。当時彼は牧師見習いのようなことをしていたらしい。地震で教会は崩れ落ちた。一月の寒い朝だ。ひとりパジャマ姿で作業をしていたら、ある紳士が通りすがりに着ていたコートを彼の肩に掛け、ものも言わず立ち去った。礼を言ういとまもなかったという。

二〇一一年三月一一日、博多の某ホテルでは福岡女学院大学の卒業パーティーが開かれていた。その最中に東日本大震災は起きたのだが、ニュースは宴席には届かなかった。パーティーが終わって、数人の卒業生と飲み直そうというとき、携帯電話やメールがまったく繋がらなくなった。その夜になって初めて、地震の被害の甚大さを知る。阪神・淡路大震災クラスの地震は今後起きないだろうと決めつけていたが、今回の地震はそれどころではなかった。私の友人は東京で結婚披露宴を予定していた。震災のせいでキャンセルせざるを得なかった。

二〇一六年四月、熊本地震の夜、妻と私は福岡を引き払い、最終近い新幹線で実家の奈良に向かった。福岡女学院大学を辞めて名古屋の名城大学に転職したからだ。勤務地は名古屋だが本拠地は奈良に置くつもりで、最後の荷物を福岡から奈良に運び出したのだった。夜遅く近鉄奈良駅に着いて、タクシーの運転手から熊本の大地震を知らされた。福岡でも交通が麻痺したらしい。結果的に私たちは虎の尾を踏むように九州から逃げ去ったのだった。

二一世紀は映像の世紀だと誰かが言った。私たちは自然の恐ろしさを、映像によってかなり具体的に知ることができる。映像のない時代に、人びとは「恐ろしい自然」をどの程度体感したのだろうか。もっとも「恐ろしい自然」の対極にある「美しい自然」にしたところが、具体的に私たちの眼前に迫ってくる機会はそうないだろう。にもかかわらず、私たちの「自然」観は「美しい自然」と「恐ろしい自然」という振り子の両極に振り切れ、その中間を考えることが難しい。

そこで問題となるのは、この「自然」観がはたして人間本来の性格なのか、それとも集団で形成されたものの見方なのかということだ。

本章では演劇から少し範囲を拡げて、文芸一般に現れる自然について考察する。私たちの自然観は、直接的な体験よりも、イメージを通して醸成され、それが文芸にも投影されると考えるからだ。

ここでは「文学」ではなく「文芸」という言葉を使用する。「文芸」は「技芸」や「娯楽」や「芸能」など、「文学」よりはるかに広範囲をカバーする。また「文芸」には「ゲーム」的な要素を含む語感がある。後に述べるが、人工的な「ゲーム」と、一見その対極にあると思われる「自然」は、実は非常に相性がよい。

私たちの自然観がいかに人工的なものであるかを検証するために、まずは日本の詩人の言葉に耳をかたむけてみよう。

記憶の中の自然

自然の恐ろしさやきびしさを表現した作品を挙げる。松尾芭蕉（一六四四―九四年）の『奥の細道』（一六九三元禄六―九四元禄七年頃成立）に収録される有名な句である。

五月雨《さみだれ》を　あつめて早し　最上川

「奥の細道」の旅の途上にあった芭蕉は、現在の山形県にある大石田《おおいしだ》という所から舟に乗って最上川を下る。舟は道中たびたび「おそろしき難所」を通過し、「水みなぎって、舟あやうし」つまりその急流は水かさがあって舟で下るのも危うい。最上川は富士川・球磨川と並ぶ「日本三大急流」のひとつだ。そこで芭蕉はこの句を詠んだ（ということになっている）。

現代語訳は次のようになる。

　折からの五月雨の雨量を集めて、最上川は満々とみなぎり、奔流となって流れ下っていることよ。

いま私は、芭蕉は最上川の急流をまのあたりにしてこの句を詠んだと書いた。しかしそれは『奥の細道』本文にそう書いてあるというだけで、事実ではない。この句が旅の途上で作られたのではなく、数年後に芭蕉が手を加えたものだということはよく知られている。

もとの句は次の通りだった。

　五月雨を　あつめて涼し　最上川

一六八九元禄二年三月二七日、芭蕉は「奥の細道」の旅に出る。庵のあった深川から舟に乗って千《せん》住《じゅ》にあがり、門人の曾良《そら》と合流、それより徒歩で奥州・北陸をこころざした。現在の栃木県・福島県・宮城県・岩手県と北上し、そこから日本海側へ進路をとり、五月二八日、山間の地・大石田の高《たか》野《の》一栄《いちえい》宅に着く。

翌五月二九日から三〇日にかけて、一栄宅で句会が催された。芭蕉と曾良、大石田の俳人・高桑川《たかくわせん》水《すい》、それに亭主の一栄の四人による句会だ。

芭蕉が「五月雨をあつめて涼し最上川」と詠んだのはこの席のことだった。

「五月雨」も「涼し」も夏の季語だ。芭蕉は亭主の一栄に対する挨拶として、「すぐそばに最上川が豊かに水をたたえているのを見るにつけても、ここは夏なのに涼しげでいいところですね」というメッセージを句に託したのだ。

六月一日、芭蕉は一栄と別れて新庄に移る。そして三日に新庄から本合海《もとあいかい》に出て、そこから舟で最上川を下った。芭蕉はこのとき初めて舟に乗って最上川の急流を体験する。

いま述べた芭蕉の行程は、随行した曾良の『曾良旅日記』（『曾良随行日記』『奥の細道随行日記』とも）に記されている。ところが『奥の細道』ではそういう細かないきさつは省いて、大石田から直接舟に乗って最上川を下ったと書きかえられた。また「涼し」も、「早し」と変更された。いまさら言うまでもないが、『奥の細道』は「紀行文」というフィクションであって「日記」ではない。

『奥の細道』の旅は一六八九元禄二年三月末の江戸出立に始まり、九月初旬の美濃（岐阜県）大垣に終わる。道中約六〇〇里、五ヶ月間におよぶ壮大な旅だ。本文では、この旅は「かりそめに思い立ちて」始まったというが、実際には前年から計画されていた。芭蕉は辺境の地陸奥《みちのく》へ、着の身着のままで命がけの旅に出るのだと言う。しかし実際の陸奥はすでに産業が発達し、芭蕉は俳諧の先生として行く先々の名士に歓待された。現代と比べて江戸時代の旅がけっして安全なものではなかったにせよ、その実像はみすぼらしい諸国行脚の旅とはいささかかけ離れている。にもかかわらず『奥の細道』というフィクションに表れるのは、中国の詩人や、能因《のういん》（九八八―？）・西行《さいぎょう》（一一一八―九〇年）・宗祇《そうぎ》（一四二一―一五〇二年）といった諸国遍歴の詩人にあこがれ、自らも「風狂《ふうきょう》」のポーズを貫こうとする芭蕉の姿である。「風狂」は芭蕉の作品を読み解くためのキーワードで、俗世間から離れてひたすら詩歌の世界に生きることをいう。

あるいは『奥の細道』の中で旅をしているのは芭蕉本人ではなく、芭蕉によって創作された古典の中の架空の人物かも知れない。

しかし、さしあたってこのことは重要ではない。問題は「涼し」の句が数年後に「早し」に変わったという事実である。

芭蕉が『奥の細道』の執筆にとりかかったのは、旅から約三年後の一六九二元禄五年から一六九三年の間だと言われている。いったんは草稿が完成したと見えたが、一六九三年から一六九四年にかけて再び推敲が重ねられた。一九九六年に芭蕉自筆本が発見され、この成立過程は一層明らかになった。「涼し」が「早し」に変わったのは、一六九二年から一六九三年の最初の執筆段階だったようだ。

ここでもう一度確認しておきたい。芭蕉は最上川の急流を眼前にして「早し」の句を詠んだのではない。芭蕉は急流を体験した数年のちに、そのありさまを自らの記憶の中から呼び戻して句作したのだ。

この芭蕉の創作態度はけっして間違っていない。

何かを見た直観をその場で素直に言葉にするのが詩であるなどという考え方は、初めて詩を作る子どもへのアドバイスとしてはぎりぎり通用しても、所詮はそれこそ子どもだましにすぎない。本物の詩人なら、内なる世界からあらゆる材料をひっぱりだして創作をするはずだ。

湖水地方の自然を題材とする多くの詩を残した英国の大詩人ウィリアム・ワーズワース（一七七〇―一八五〇年）は、古今東西の詩人の中でも最も自然を愛したひとりだろう。そのワーズワースは、

Lyrical Ballads（一七九八年）の序文で詩というものを次のように定義している。

[...] poetry is the spontaneous overflow of powerful feelings : it takes its origin from emotion recollected in tranquility.

（詩というものは、強い情感がおのずと溢れ出てきたものである。その情感は、心静かなとき思いおこされる感情に起源を持つ。）

松島正一は、ワーズワースの代表的な詩『水仙』に言及して次のように述べる。

現在詩人の眼前には今、水仙は存在していないのだが、詩人は「内なる眼」に映った水仙を想像力のなかで風景として見ている。『抒情小曲集』（*Lyrical Ballads*, 1798）の「序文」の言葉でいえば、「平静の時に思いおこされた感情に発する起源」が「情感」の対象となり、現実にはそこに存在しない物が、現実《リアリティ》の姿を帯びて「内なる眼」に見えてくる。それを対象化し、心像《イメジ》によって作品に仕上げたのが一篇の詩『水仙』ということになる。記憶の彼方が呼び戻され、それらの記憶の糸がそれぞれに絡み合い、関係を持つようになる。その記憶のなかには、詩人の少年時代にまで遡るものもあり、それらの様々な記憶、経験が水仙という植物の一点に収斂していくのである。

（『詩と経験』）

このようにワーズワースは、多くの詩人の中でも特に対象としての自然を内なる世界と結びつけて高みへと昇華させた詩人だといわれる。

自然は目の前にあるのではなく、記憶の中にある。

俳諧という「ゲーム」

芭蕉が大石田の高野一栄宅での句会で、亭主一栄への「挨拶」の意味を込めて「五月雨をあつめて涼し最上川」の句を作ったことは先に述べた。

ではこの「句会」とはどのようなものなのかを、ここで説明しておきたい。

芭蕉はこの会ではゲストである。句会を始めるにあたり「ご招待いただき、ありがとうございます」という挨拶にあたるメッセージを「五月雨をあつめて涼し最上川」の五七五に託した。

この最初の句を「発句《ほっく》」という。発句には季語があり、「や」「かな」などの「切れ字」を用いることが約束となっている。

芭蕉の発句に対して、ホストである一栄は次の七七で応じた。

　岸に蛍を　繋ぐ舟杭《ふなぐい》

芭蕉を、闇夜を照らす蛍にたとえ、「よくご逗留くださいました。あなたを繋ぎ止めることができて光栄です」というメッセージを返したのだと解釈できる。大石田はまだ都会の俳諧が浸透していない土地だ。そこに闇夜を照らすように新しい俳諧を持って芭蕉先生がやって来た。一栄は船問屋を営んで栄えていたから、舟杭に蛍を繋ぎ止めるという表現をとったのだろう。

この二番目の句を「脇《わき》」という。脇には名詞で終わる「体言止め」を用いる。この場合「舟杭」がそれにあたる。

そこで曾良が次の五七五を付けた。

瓜畑　いざよふ空に　影まちて

瓜の花咲く瓜畑で夜遅く出る十六夜《いざよい》の月を待っている間、あたりはまだ暗い。暗い中を川辺で蛍が飛び交っているという風景であろうか。

この三番目の句を「第三」という。第三は「影まちて」というふうに「て止め」にして、次に続く感じを出すことが大切だといわれている。

発句　五月雨を　あつめて涼し　最上川　　芭蕉
脇　岸に蛍を　繋ぐ舟杭　　一栄
第三　瓜畑　いざよふ空に　影まちて　　曾良

発句から第三までを並べてみた。ここで重要なのは、第三を作るにあたって、曾良は芭蕉の発句の句意を離れなければならないということだ。発句で芭蕉が「ご招待ありがとうございます」と挨拶をした。一栄は脇で「こちらこそ光栄です」と返した。曾良はこの挨拶のやりとりにも、また発句の「五月雨」「涼し」「最上川」にも引きずられずに、直前の一栄の脇「岸に蛍を繋ぐ舟杭」の句意のみから新しい展開を考えねばならない。

さらに第三のあと四句目に七七、五句目に五七五と、五七五と七七を交互に付けて三六句まで連ねる。最後の三六句目は「挙句《あげく》」と呼ぶ。「〇〇のあげく」「あげくのはて」の「挙句」である。

このように、原則として複数の人間が共通のルールのもとに長句（五七五）と短句（七七）を交互に付けていくゲームが「俳諧」である。「俳諧」は「俳句」の古い呼び名ではない。「俳句」は「俳諧」の最初の句である「発句」が独立したもので、近代の用語だ。俳句は個人の創作だが、俳諧は共同作業なので、特定の個人が全体を支配することが難しい。むしろ別人によって詠み継がれていくことで、意外な発想が生まれることが俳諧の面白さだ。ちなみに現在ではかつての「俳諧」のことを「俳句」に対して「連句《れんく》」と呼んでいる。

俳諧は「百韻《ひゃくいん》」といって長短あわせて一〇〇句を連ねるのが正式だったが、非常な時間を要するので、時代が下ると三六句で締めくくることが多くなった。この形式を歴代の和歌の名人「三十六歌仙」にちなんで「歌仙《かせん》」という。そして歌仙の形式で句会を催すことを「歌仙を巻《ま》く」という。

俳諧のように長句と短句を連ねるゲームは、もともと中世（鎌倉―室町時代）の「連歌《れんが》」という文芸に始まった。連歌と俳諧は形式もルールも共通点が多い。しかし連歌では『古今集』『新古今集』以来の日本古来の「やまと言葉」を使うのに対し、俳諧では外来語（多くは漢語）や俗語など、和歌には使われることのなかった言葉（これを「俳言《はいごん》」という）をあえて使う。「俳諧」はもと「滑稽」の意で、雅《みやび》で詩的な世界を追及する連歌の余興として行われた。しかし時代が下ると、俳諧の新しい言葉（俳言）でなくては同時代の日常世界を表現できなくなった。そしてやがて同時代を写しながらも詩的な世界に到達する者が現れる。他ならぬ松尾芭蕉である。

ところで、俳諧はメンバーが一期一会の機会を大切にする文芸ゆえ、なによりも即興性を重んじる。句をあらかじめ用意しておいてはならない。

ここで重要なのは、この「即興性」とは、眼前の自然を見てその場で感じたままを詠むことではないということだ。そもそも俳諧は屋内で行われるので、その場に自然がそうあるわけではない。題材となる自然は、常に詠み手の脳内に記憶や概念としてある。それらを、あらゆる知識や技術やアイデアを総動員して、五七五または七七に仕立てあげる行為が「即興」なのである。

俳諧のルールはかなり込み入っており、理解するのが難しい。しかし、俳諧という人工的なゲームと、この文章のテーマである「自然」との相性の良さを知るために、次に最小限度の説明をしておこう。この部分は読み飛ばしていただいてかまわない。

俳諧のルール

三六句の歌仙の場合、懐紙を二つ折りにしたものを二枚使用する。これは清書した後に綴じ合わせる。初めの一枚を「初折《しょおり》」、あとの方を「名残の折《なごりのおり》」と呼ぶ。それぞれに表と裏があるので、初折なら「初表《しょおもて》」と「初裏《しょうら》」、名残の折なら「名残の表」と「名残の裏」、計四頁の冊子ができる。その初表に六句、初裏に一二句、名残の表に一二句、名残の裏に六句を記す。これで計三六句になる。

いま述べたように、初表は発句・脇・第三から始まり六句目で終わるが、ページの替わり目からさかのぼって二句目、つまり五句目には月を詠み込むのが約束だ。これを「月の定座《じょうざ》」という。

さらに初裏の八句目に月を、一一句目に花を、名残の表の一一句目に月を、名残の裏の五句目に花を詠み込む。いずれも「月の定座」「花の定座」と呼ぶ（ただし初裏の月については「月の出所」とも言う）。

このように随所に月や花という自然の代表的景物をいれることが俳諧の条件なのだ。しかも三六句を一枚の紙に書くのではなく、冊子にすることで頁ごとに視覚的なアクセントが生まれる。

なお定座あるいは出所は、必ずここに置かなければならないというわけではない。たとえば「五月雨を」の歌仙では、第三に「いざよふ」と月が出ている。このように定座より早く月や花を出すことを「引き上げる」、逆に遅く出すことを「こぼす」という。ただし定座は各頁の後ろから二句目にあり、次の頁に渡らないようにするには一句分しかこぼせないのでよしとされなかった。

定座以外にもルールがある。春と秋は四季のうちで特に風流な季節なので、一度春と秋の句を詠んだら三句から五句は続けなければならない。一方夏と冬は一句から三句でおさめる。花は春、月は秋の景物だから、定座にまわってくる人だけでなく、まわりの人も花が出やすいように春の句を、月が出やすいように秋の句を先に詠んでおくというような配慮も必要だ。俳句のように必ず季語を使わなければならないわけではないが、季語のない「無季」の句は三六句の中に割合としては多くない。俳諧という人工的なゲームは、自然を抜きにして成立しないのである。

俳諧についてさらに深く知りたい向きには、尾方仂『芭蕉の世界』（講談社現代新書、一九八八年）、乾裕幸・白石悌三『連句への招待』（和泉書院、一九八九年）を推薦したい。

文芸そのものがゲームである

俳諧というゲーム性の高い文芸が、自然と非常に相性のよいことがわかった。相性がよいどころか、ゲーム性の高い文芸は自然という題材にこだわらざるを得ない。よほど風土や文化が異ならないかぎり、自然はすぐれて万人に共通の財産だからである。

ただし先ほど述べた「ゲーム」は、共通のルールにしたがって、「場所」と「時」を同じくする複数の人間によって行われるゲームのことだった。

しかし文芸のゲーム性はこればかりではない。「場所」も「時」も異なる人々が競い合うこともまた文芸のゲーム性である。むしろ、こちらが本当だと言ってよい。

ふたたび『奥の細道』から芭蕉の句を挙げよう。

田一枚　植えて立ち去る　柳かな

現代語訳は次の通りである。

これが、あの西行が立ち寄って、有名な「道のべに清水流るる」の歌を詠んだ柳かと、あれを思い、これを思っていると、眼前の田ではちょうど田植時のことで、人びとが営々と田植に励み、自分が感慨に耽っている間に、いつの間にか一枚の田を植え終わってしまった。どやどやと人びととの立ち去る気配に、自分もしばらくの物思いからさめて現実に返り、柳の陰を立ち去るのであった。

西行の歌とは、『新古今和歌集』に入集《にっしゅう》される次の歌である。現代語訳とあわせて載せよう。

道のべに　清水ながるる　柳かげ
　しばしとてこそ　たちどまりつれ

（道のほとりに清水の流れている柳の木陰よ。しばらく休もうと思って立ちどまったのであったが、あまり涼しいので、つい時を過してしまったことだ。）

この柳は室町時代に謡曲（能の台本）に脚色されたタイトルから「遊行《ゆぎょう》柳」と呼ばれている。現在の栃木県那須町芦野にある遊行柳を芭蕉が実際に訪れたのは、先に紹介した「五月雨を」の句より前の四月二〇日のことだった。『曾良旅日記』によると、この日芭蕉は他にも十数ヶ所を訪れており、実際には遊行柳でゆっくり感慨にふけっている時間はなかったはずだ。しかし『奥の細道』では遊行柳だけがこの日の訪問地として選ばれ、しかもかなりの時間をここで過ごしたように書かれている。

さらに言うと、『奥の細道』の草稿が完成した一六九二元禄五年から一六九三年の段階では「田一枚」の句ではなかった。もとは次の句が書かれていたのだ。

水せきて　早苗たはぬる　柳かな

これが「田一枚」に変わったのは、一六九三年から一六九四年に一旦仕上がった草稿を推敲しなおした際とされる。『奥の細道』を推敲するにあたって、芭蕉はあこがれの詩人西行のことを強く想ったにちがいない。そして西行の「道のべに清水流るる」の歌に寄り添いながらも、もう一歩先の境地に進めないかと考えた。あるいは西行が歌人ではなく、いまに生きる俳人であったならどんな句を作っただろうと想像したかも知れない。そこで「しばし」という抽象的表現は「田一枚植えて」という具象的表現に言い換えられることになる。

ただし現代語訳にもあるように、芭蕉の視線は田植に向けられていたのではない。田植をしたのは芭蕉自身だという解釈もあり、フィクションとしては面白いが、それでは西行が「しばし」「たちどま」った趣旨からは離れてしまう。あくまで柳の下にたたずむということが句の中心でなければならない。

「田一枚」の句には、自らが西行になりかわり柳の下にたたずむ芭蕉と、同時に「これが西行があの歌を詠んだという柳なのか」と感慨にふける芭蕉という、二重の視線が存在する。さらに言うと、この句は実際に柳を見たときから数年後に創作されたのだから、「二重の視線を持つ芭蕉」という架空の人物を創作した芭蕉が別に存在するのだ。

ここで重要なことは、一七世紀の江戸時代に生きる芭蕉が、一二世紀の平安時代の西行と交流しあっているということだ。渡り合っているといってもよい。実際には芭蕉は過去の西行を知っていても、西行は未来の芭蕉を知らない。しかし芭蕉の作品によって西行の作品に再び光があてられ、結果的に二人は競い合うことになる。

このように、同じ題材をめぐって時空を異にする作り手が作品を競い合う。このゲーム性こそ文芸の最大の醍醐味ではなかろうか。

ちなみに、遊行柳に関する一連の話にはオチがある。芭蕉が立ち止まった芦野は、正確には西行が立ち止まったという柳のあった場所ではないという。それどころか、西行はその柳のもとに実際に行ったのではなく、道のべで清水が流れる柳のかげで水を手で汲む女房を描いた絵を見てこの歌を詠んだらしい。がっくりくるオチかも知れないが、競い合う二人にとってこのことはまったく重要ではない。作り手の中の記憶や概念を掘り起こして競い合うこと自体が重要なのだ。

小説という「ゲーム」

俳諧を例にとって、文芸には「いま」を活写する（風俗を描写する）性格とゲーム性が混在することを述べた。ゲーム性という意味では、和歌・俳諧といった韻文はすべてゲームであるといってよい。和歌の本歌取りなどはその典型的な例だ。

では散文（物語・小説）の場合はどうだろうか。

自然に匹敵する文芸の題材は恋愛だろう。近世（江戸時代）における恋愛（性愛）小説の出発点であり、近世小説そのものの出発点とも言えるのは井原西鶴（一六四二？―九三年）の『好色一代男』（一六八二年）である。

西鶴も芭蕉と同じ俳諧師だった。しかしその行き方は大きく異なる。「阿蘭陀《おらんだ》西鶴」のあだ名を持つ西鶴は、一六七三延宝元年に一二日間にわたって一万句の俳諧興行を行って世間を驚かせた。一六七五年には妻を亡くしたことをきっかけに一夜に千句の独吟《どくぎん》（一人で千句連ねる）を行う。これがこうじて一六七七年に一夜独吟一六〇〇句、一六八〇年に一夜独吟四〇〇〇句を達成。数を争うライバルが現れてからはさらにエスカレートして、一六八四貞享元年には一夜で二三五〇〇句の独吟を達成した。この途上で生まれた小説『好色一代男』は、機関銃のように言葉の連想ゲームを連ねていく俳諧の手法で書かれたのである。日本の近世小説はこのように特殊な出発をする。

それはともかく、西鶴は過剰な言葉遊びによって、当時の浮かれた風俗を乾いたタッチで描いている。風俗を活写するという文芸の一方の役割は十分すぎるほど果たしているのだ。しかし一方で『好色一代男』が『源氏物語』のパロディであることは論をまたない。

『源氏物語』は自然の風物をたくみに取り込んだ物語だが、一方の西鶴は『好色一代男』の冒頭で次のように宣言する。

　桜もちるに嘆き、月はかぎりありて入佐《いるさ》山《やま》

「桜はすぐに散る。月も出る時間には限りがある」という意味だ。はかない自然の眺めは嘆きの種だが、色の道は限りがないと西鶴は言う。そして、色の道で名をなした夢助という男の息子がこの小説の主人公世之介《よのすけ》だというのだ。俳諧師である限り、西鶴も文章中に様々な自然の風物をちりばめているが、主体的に行動し、自らの運命を切り開いていくのはあくまで生身の人間だという主張が『好色一代男』にはある。そこが『源氏物語』との違いだろう。いまの恋愛を描くなら、紫式部ではなく自分の行き方でなければならないという自負と競争心が、西鶴の中にはあったはずだ。

なお、時代が下ると柳亭種彦《りゅうていたねひこ》（一七八三―一八四二年）が長編『偐紫《にせむらさき》田舎源氏《いなかげんじ》』（一八二九文政一二―四二天保一三年）を書く。こちらはタイトルからしてもはっきり『源氏物語』のパロディだ。『好色一代男』も『偐紫田舎源氏』も独立した文芸作品だが、一方で『源氏物語』というルールにのっとって西鶴や種彦はゲームをしている。西鶴は紫式部を、種彦は紫式部と西鶴を相手にして、恋愛の表現を競っているのだ。

この感覚は、ベーブ・ルースと大谷翔平を比較する試みに似ている。もちろんこうした比較自体ナンセンスだという意見があるのは承知している。しかし「記録」や「記憶」といった薄っぺらなレベルではなく、もっと深いところで時代を超えて両者を重ね合わせようとする気持ちは人間にとって本質的なものではなかろうか。

そうでなければ、芥川龍之介（一八九二―一九二七年）は作品ごとにスタイルを変えて書かなかったはずだ。それは自分の可能性への挑戦であると同時に、同じスタイルで文芸を書いた先人への挑戦であったにちがいない。あるいは逆に、近松門左衛門（一六五三―一七二四年）が、心中を題材にした浄瑠璃に限って判で捺したように同じ構造の作品を書き続けたのは、自分に課したルールの中でどこまで先に進めるかという挑戦であったにちがいない（第四章参照）。

古典を意識することによって、自分は先人の境地や技術に追いついたのだ、あるいは追い越したのだ、あるいは先人の題材に拠りながらもまったく違う世界を表現し得たのだという喜びが生まれる。逆にそれがかなわなかったことの無念をも感じさせる。したがって文芸一般にはゲーム性がどうしてもつきまとうし、ゲーム性がなければならないとも言えるだろう。そして自然という万人に共通の素材は、ゲームとしての文芸にすっぽり納まる恰好の題材のひとつなのだ。

イデアとしての自然

ここまで、自然と文芸のゲーム性との相性の良さについて述べた。またその自然は眼前ではなく記憶の中にあるとも述べた。

一方、記憶の中にすらない自然もまた立派に文芸の題材となりうる。自然は体験した記憶がなくとも、単に「概念」として作者の中に存在するからだ。

鎌倉時代の説話集『古事談』や『十訓抄《じっきんしょう》』には、次のような逸話がある。

中将藤原実方《さねかた》が、どんないさかいがあったのか、藤原行成《ゆきなり》の冠を打ち落とした。冠を落とされるというのは、当時大変屈辱的なことだったが、行成はじっと我慢した。これを一条天皇が陰から見ておられ、行成の穏やかな心に感動して蔵人頭という高い地位を与えられた。逆に実方には「歌枕見て参れ」と陸奥守《みちのくのかみ》（東北地方の国司）に左遷なさった。

史実では、実方はそのまま任地で客死し、一方行成は権《ごんの》大納言にまでのぼりつめる。

ここで注目したいのは、天皇が「お前を陸奥守に左遷する」と言うかわりに「歌枕見て参れ」と命じたということだ。もとより天皇は、実方に歌枕を実見した報告を求めてはいない。実方は家柄のよい貴公子であり、諸芸に長じた風流人であったから、左遷するにあたってそれなりに婉曲な表現をとったのだろう。

「歌枕」とは、「和歌に詠み込まれる特定の名所・旧跡」（『日本国語大辞典』）を指す。そして「歌枕見て参れ」は「歌枕を見たことがない」と同義なのだ。芭蕉の時代ならいざ知らず、この逸話の背景となった平安時代の陸奥は、都人が踏み入ることのない辺地だった。そして歌枕の多くはその辺地にある。

試みに新日本古典文学大系『新古今和歌集』（岩波書店）の巻末に挙げられる歌枕一覧をみると、全三四九ヶ所の歌枕が挙げられている（ただし同じ土地を別名で呼んでいるものも数える）。このうち畿内（京都＝山城、大和＝奈良、摂津＝大阪の一部と兵庫の一部、河内＝大阪の一部、和泉＝大阪の一部）の外にあるとはっきりわかっている歌枕は半数近くの一六一ヶ所にのぼる。

また畿内に位置していても、都人《みやこびと》とは無縁の地も多くあった。たとえば在原業平（八二五―八〇年）の兄・行平（八一八―九三年）が須磨《すま》に左遷されたり、『源氏物語』の主人公・光源氏が宮廷での不穏な雰囲気を避けるために須磨に住まいをかまえたりするのは、ここが都人の目の届かない土地であったことを示している。須磨は摂津の西端に位置する。

つまり、歌人たちは「歌枕」と称されている土地の多くを、実際に見ずに詠んだのである。和歌の重要な題材である歌枕は、歌人の記憶の中にあるどころか、見たこともない空想の土地としてあった。

そしてこの空想の土地は理想の土地でもある。

たとえば日本三景のひとつ松島（現宮城県）なら、静かな海、美しい島々、異様な姿でそびえる山々、松、そしてその風景にアクセントとして存在する海女《あま》など、和歌に詠まれた文字情報があらかじめ歌人の中に擦り込まれている。歌人は自分が見たことのある「海」「島」「山」「松」などのパーツを繋ぎ合わせて、内なる理想的な風景を構築するのだ。

体験にもとづく記憶の中の自然すら理想化される。ましてや、まだ見ぬ自然は、各パーツの美しさ（あるいは恐ろしさ）が極度に高められた組み合わせとなるだろう。

ところで古代ギリシャの哲学者プラトン（紀元前四二七？―紀元前三四七年）の概念に「イデア」がある。

養老孟司は『バカの壁』の中で、「イデア」という概念を「リンゴ」を例に挙げて説明している。その趣旨を要約する。

プラトンは、「リンゴ」という言葉が包括している、すべてのリンゴの性質を備えた完全無欠なリンゴをリンゴの「イデア」と呼んだ。個々の具体的なリンゴは、歪んでいたり欠けていたりするが、それは「イデア」としてのリンゴが不完全にこの世に実現したものである。この世のリンゴが不完全であるにもかかわらず、「リンゴ」という言葉を聞くと私たちは完全なリンゴを包括的な概念として思い浮かべる。このとき脳内には「リンゴ活動」とでもいうべき現象が起こるのである。それは現実のリンゴを見なくても脳の中の視覚野ではほとんど同じように起こる活動である。

養老がいう「リンゴ」を、月でも花でもよい、自然の景物と入れ換えて考えてみる。文芸の作り手はイデアとしての自然にもとづいて作品を書く。読者もまた、自分の脳内のイデアを参照して作品を味わう。

川端康成（一八九九―一九七二年）が「国境の長いトンネルを抜けると雪国であった。夜の底が白くなった」（『雪国』一九三七年）と書くとき、読者はモデルとなった清水トンネル（群馬と新潟の県境）を体験していなくても、その雪景色を思い描くことができる。島崎藤村（一八七二―一九四三年）の「木曽路はすべて山の中である」（『夜明け前』一九二九―三五年）という文章を読むと、木曽を知らなくても、木々が折り重なるように繁る山中の風景を想像することができる。それは「雪」なり「山」なりが読者の脳の中にすでにイデアとしてあるからなのだ。

プラトンの論法でいくならば、脳内にある雪景色なり山がイデアであり（あるいはよりイデアに近く）、『雪国』や『夜明け前』のモデルとなった現実の雪景色や山はイデアが不完全にこの世に実現したもの、つまりイデアの模倣ということになる。川端や藤村が実際に見た雪景色や山より、読者の脳内にある風景の方がイデアという理想に近いならば、川端や藤村は読者より劣ったものを書いたというおかしな話になってくる。

しかし、養老の述べるような脳の活動がない限り、文芸そのものが成立しないのも事実だ。そして書き手も読み手もイデアに拠っているという点において、この脳の活動の典型というべきものが歌枕だといえる。

演劇における自然

ここで話題を演劇に転じよう。

演劇は自然を表現することを最も不得手とするメディアだ。小説や詩なら、文字を目で追い、あるいは耳から聞くことによって、読み手や聞き手の脳内にあるイデア（あるいはイデアに近いもの）を参照することができる。ところが演劇は眼前の芸術である。数少ない例外を除いて、演劇は人工的な装置によってしか自然を表すことができない。現実の自然がイデアの模倣なら、自然を表す装置はそのまた模倣、それもかなり劣化した模倣なのだ。

プラトンは、イデア論の見地から演劇に否定的だった。一方その弟子・アリストテレス（紀元前三八四―紀元前三二二年）は演劇を肯定する。河竹登志夫は両者の考え方の違いを次のように説明している。

彼〔アリストテレス〕の師プラトンはきびしい理想主義を唱え、劇をはじめ芸術は「もっとも理想とする真存在、すなわちイデアを模倣した現実世界を、さらに模倣したものであるゆえ、真実からは二段も低い」ものとして理想国からの芸術家追放を宣言した。この否定説への反論としてアリストテレスは『詩学』のなかで、人間には模倣本能があり、かつ模倣されたものを見て喜ぶ性質があると説き、劇をはじめ芸術一般を「模倣の様式」と定義して、人間にとって模倣は本能的に不可欠であると主張した。

しかもその模倣は現実そのものの模倣ではなく、「ありうべきこと」すなわち蓋然性を、あるいは必然的に可能なことを模倣するがゆえに、すぐれた劇詩は高度のものであるとして肯定説を導いた。

（『演劇概論』）

なぜアリストテレスはイデアから「二段も低い」演劇に肯定的だったのだろうか。それは単に人間の模倣本能を肯定したからだけではなかろう。観客の眼前にある演技や化粧・扮装、あるいは装置はかりそめの姿であり、観客はそのかりそめの姿の向こうにしっかりと真実を見ているということを、アリストテレスは承知していたのではなかろうか。

室町時代に成立した能の作り手たちは、そのことをわきまえていた。能は、凝縮された最小限の表現で最大限の効果をめざす演劇だ。俳優の動きは静的かつ象徴的で、舞台装置もほとんどない。唯一使用されるのが「作り物」と呼ばれる装置である。作り物は竹や麻布で作られ、自然や人工の舟・車などを表す。

作り物は極めて簡素で抽象的、能を知らない人が見ると何を表しているのかさっぱりわからないだろう。舞台上に再現するのが難しい自然の山などは仕方がないとしても、人工の舟や車までが同じ調子なのだ。舟などもう少し実物そっくりに作れそうなものだが、能の作り手たちはそれを拒んだ。竹でできたオブジェのような物を見た観客の脳内に、「リンゴ活動」ならぬ「舟活動」が起きることを承知していたからである。

江戸時代に成立した歌舞伎や人形浄瑠璃は、能のような抽象的表現をとらなかった。舞台装置はひと目でそれとわかるように作られている。ただし背景は「書き割り」といって板に絵を描いたものにすぎない。にせものはあくまでにせものなのだ。それでも観客は脳内の活動を使って舞台を見ることになる。

たとえば『義経千本桜』（一七四七延享四年）の「吉野山」という場面は、満開の桜を描いた書き割りを背景として演じられる。書き割りだけではない。「釣り枝」といって、舞台前面の天井にあたる箇所から、桜の花を連ねてまっすぐ下に釣りおろしてある。そこへ源義経の愛人・静御前《しずかごぜん》と、義経の忠臣・佐藤忠信《ただのぶ》（実は狐）が登場する。この場面を見て、二人の登場人物が、桜を描いたただの板と人工の桜を釣ったただの紐の前にいると誰が考えるだろうか。これらが本物の桜でないことは誰しも承知の上だ。観客は書き割りや釣り枝の向こうに本物の桜を夢想する。観客の脳内には、桜が満開の吉野山にいる静と忠信がしっかりといる。

歌舞伎十八番の『勧進帳』（一八四〇天保一一年）は、能舞台を模した簡素な舞台で演じられる。兄源頼朝と不和になった源義経は追われる身となり、少数の家来とともに「月の都を立ち出でて」、北陸から東北へと逃げのびようとする。その辛い逃避行の中、「逢坂の山隠す霞ぞ春はゆかしける」つまり山全体が桜に覆われるような見事な景色に遭遇する。義経（あるいは義経役の俳優）は花道で立ち止まり、しばしふり返り身体を反らせて斜め上方を見る。視線の先には実際には客席があるのだが、登場人物が見ているのは満開の桜に霞む山だ。自然を表現するのに舞台装置は必要不可欠なものではない。

実は舞台装置を厳密に本物さながらに作るようになったのは、西洋においても一九世紀の末のことだった。「近代自然主義リアリズム演劇」と呼ばれる運動は、舞台上に市民の日常生活を再現し、観客とともに市民社会の諸問題を考えようとした。そのためには何よりも装置から小道具、舞台上の食べものにいたるまで、本物であることが必要だとされたのだ。この場合、自然の景物を本物さながらに舞台上に再現することは難しい。屋内の場面が多いのは、その関係からかも知れない。

しかし、いくらリアルに装置を作り、リアルな演技をしても、観客の想像力はどうしても目に見える範囲を超えたところに及ぶ。たとえば近代自然主義演劇の代表的作家であるノルウェーのヘンリック・イプセン（一八二八―一九〇六年）の作品には、舞台には表れない北欧のフィヨルドが常に暗示されているように思われる。近代自然主義演劇の幕明けとなったイプセンの『人形の家』（一八七九年）は全編室内の場面だが、登場人物が階下の玄関に通じるドアに消えたり現れたりするとき、クリスマス前後の北欧の寒い空気が吹き込んでくるのをイメージすることができるだろう。『幽霊』（一八八一年）にいたっては、ガラス越しに雨に煙るフィヨルドを暗示して見せる。

観客が実際に見るものは大きな劇的世界のほんの一部に過ぎず、それは言葉で「これは桜です」「彼女は贅沢な服装をしています」と言うかわりに舞台上に存在しているに過ぎない。万事をリアルにすればすべてが表現できると信じ、観客の想像力をせまい舞台上に閉じこめてしまったことは近代自然主義演劇の大きな誤解だった。現物（あるいは現物としか見えない物）を写すことが運命づけられた映画は、フェデリコ・フェリーニのような鬼才を除けばこの問題を解決していない。

結局リアルな舞台というのは、無限に存在するスタイルのうちのひとつに過ぎないのだ。

この議論は、「演劇はリアルでなければならないのか」、あるいは「何がリアルなのか」という大きな問題につながっていく。永遠の宿題である。

湖水地方にて

文芸に現れる題材の中で、特に自然がイデア化することとは、文芸が都市のものであることと関係している。ワーズワースのように、詩作の多くを大自然の中で行った作家もいるが、それが消費されるのは都市であった。彼の詩を読んで湖水地方を訪れる人もあるだろうが、それはあくまで少数派の読者層だろう。

余談だが、二〇年ほど前に学生を引率して湖水地方を訪れたとき、学生たちが観光客にインタヴューを試みたことがある。「あなたはワーズワースを知っているか」と。ところが「知っている」と答えた人はほとんどいなかった。「それは誰ですか」というような反応だったらしい。観光客がワーズワースの詩に惹かれて湖水地方に来ていると信じこんでいた学生たちは、すぐにインタヴューをやめてしまった。

ミシュランが星をつける一流レストランの多くは都会にある。レストランが一流たる理由は様々だが、忘れることのできない要素は全国各地の海の幸・山の幸を都会に一点集中させている点だろう。自然は都会にあってこそその真価を発揮する。

西行・芭蕉のような漂泊の人、鴨長明・兼好法師のような隠遁の人に共通するのは、彼らが都の人であったという前歴である。都にいなければ文芸の技術を身につけることは難しかっただろうし、都にいたから作品を後世に残すことができた。しかし都の人でありながら漂泊者・隠遁者を名乗ることのジレンマを、誰よりもわかっているのは他ならぬ本人だ。だから彼らは旅に出て、辺地の人びとが空気のように接している自然を追体験しようとした。この作業が、文芸を単なるゲームの次元から内省的な世界へと深めていく。

しかしそうなると、題材としての自然は人生観と結びついてなおさら美化されることになる。文芸にあらわれる自然は、このように幾重ものフィルターを経て私たちの共同幻想となった。そして、この共同幻想から脱出して真実を見ようとする試みと、共同幻想をゲームとして遊ぼうとする試みは、高度な次元ではイコールになる。結局私たちは美しい自然と恐ろしい自然の振り子の両極から逃れることはできない。

〈参考文献〉
上野洋三・櫻井武次郎『芭蕉自筆　奥の細道』岩波書店、一九九七年
河竹登志夫『演劇概論』東京大学出版会、一九七八年
松島正一『詩と経験―ワーズワスからD・トマスまで』学習院大学研究叢書、二〇〇六年
養老孟司『バカの壁』新潮新書、二〇〇三年

〈テキスト〉
井本農一他校註・訳『松尾芭蕉集　2』（新編日本古典文学全集）小学館、一九九七年
峯村文人校註・訳『新古今和歌集』（新編日本古典文学全集）小学館、一九九五年
暉峻康隆・東明雅校註・訳『井原西鶴集　1』（新編日本古典文学全集）小学館、一九九六年

コラム② 平台と箱馬

家に入るとき履き物を脱ぐ習慣を持つ民族は世界でも珍しいのではないか。日本の家屋の床面は地面より一段高いところにある。そこで歌舞伎では、舞台の上にさらに一段高く家の床面をつくる。これを「二重舞台」または単に「二重」と呼ぶ。

二重舞台に使用されるのは第一章で少し触れた平台《ひらだい》と箱馬《はこうま》（または開き足）である。たとえば「三《さぶ》六《ろく》」という標準的な平台は三尺×六尺、厚みは四寸。一方、箱馬は六寸×一尺×一尺七寸の直方体。ちなみに一寸は三・〇三センチ、一尺はその一〇倍の三〇・三センチである。

平台の下に箱馬をかませると、箱馬の置き方によって一尺（四寸＋六寸）、一尺四寸（四寸＋一尺）、二尺一寸（四寸＋一尺七寸）の三通りの高さが生まれる。歌舞伎では一尺四寸を「常足《つねあし》」という。庶民の屋敷の規格だ。二尺一寸は「中足《ちゅうあし》」、武家屋敷などに使用される。これより高い二尺八寸の「高足《たかあし》」の場合は、箱馬ではなく開き足というものを使う。御殿や茶屋の装置だ。

一尺四寸、二尺一寸、二尺八寸という寸法が七の倍数であることにお気づきだろうか。七寸は、日本人がたどり着いた階段一段分の高さだ。二重舞台に七の倍数の高さの階段を付ければ、履き物を脱いで家屋にスムーズにあがれる道理だ。

このように、歌舞伎ではどの演目にも使い回しのきく統一規格を作り、すみやかな場面転換を実現した。平台と箱馬だけではない。歌舞伎の大道具はいくつもの共通パーツを持っている。海外公演では、大道具スタッフの半数は現地で雇わなければならない。日本人の大道具方なら簡単にできることを、現地のスタッフに一から教えるのは大層手間がかかるそうだ。何度も海外公演に同行した河竹登志夫先生に聞いた話である。

ちなみに、平台と箱馬は公共ホールにもテレビ局にもある。しかしその寸法の意味を知らない人は案外多いのではなかろうか。

第三章　戦争

戦争映画をめぐって

戦争映画というのがめっきり減った。

私の少年時代には、随分たくさんの戦争映画を観る機会があったものだ。『ナバロンの要塞』（一九六一年）、『史上最大の作戦』（一九六二年）、『大脱走』（一九六三年）、『バルジ大作戦』（一九六五年）などがその代表格だ。製作時期が一九六〇年代に集中している。私は年齢的に日本初公開のときには間に合っていないので、テレビでの放映や映画館での再映を観たわけだ。

これらは第二次世界大戦を題材としたアメリカ映画である。アメリカは日本の敵国だったはずなのに、日本の同盟国ドイツを敵に回して活躍するアメリカはじめ連合国軍に、何の疑問もなく感情移入したことを覚えている。

不謹慎な表現かも知れないが、どれも血湧き肉躍る映画だった。画面からは戦争の悲惨さよりも、正義が「悪」をやっつける爽快感が伝わってきた。襟元まで隠す特殊な形状をしたドイツ兵のヘルメットは「悪」の象徴で、そのデザインはのちに映画『スターウォーズ』でダースベイダーのマスクに採用される。『スターウォーズ』の第一作「エピソードⅣ」が公開されたのは一九七七年、すでにアメリカはベトナム戦争の痛みを経験していた。翌一九七八年には、この泥沼の戦争によって壊れていく人間を描いた映画『ディア・ハンター』が公開されている。戦争映画が「正義」対「悪」の図式で受け容れられる時代は過ぎ去っていたにもかかわらず、「ドイツ=悪」のイメージは、スターウォーズのような娯楽映画にも忍びこんでいたのだ。

今日、正義のための戦争などありえないことは誰もが承知している。「正義」などあくまで一方的な理屈であり、相手国からすればそれは正義でもなんでもない。たとえその相手が国際社会から「悪」のレッテルを貼られた国であろうと、戦争によって苦しむのはその国の国民だからだ。

ではなぜ一九六〇年代において、アメリカの戦争映画が、正義が悪を駆逐する映画として無邪気に受け容れられたのだろう。それにはいくつかの条件が揃っていなければならない。

ひとつは、当然ながらその戦争が勝利に終わるということである。

二番目に、本土が戦場とならないこと、あるいは本土の非戦闘民が直接的な被害に遭わないことである。

三番目に戦争の結果が、その国民に利益をもたらすことである。勝利が国益に結びつき、ひいては国民全体の生活レベルを押し上げるのだから。

こうした条件が整ったとき戦争は「是」となり、戦争映画は娯楽として享受される。ベトナム戦争を題材とした映画が単純な娯楽映画にならなかったのは、アメリカが事実上の敗戦国だったからであり、従軍した兵士やその家族がとりかえしのつかない痛手を負ったからに他ならない。ヒーローなき戦争は娯楽になりようがない。

ところで、現在の映画にあたる技術が発明されたのは一八九五年のことである。それ以前に戦争を報道する最大のメディアは演劇だった。

映画の時代より前を演劇の時代と呼ぶならば、演劇の時代には戦争はどのように扱われたのだろうか。また逆に、戦争によって演劇そのものはどのように変質したのだろうか。

本章では、戦争と日本演劇との関わりについて述べる。特に、日清戦争を題材にした演劇を上演した川上音二郎については、多くの紙数をついやすことになろう。日清戦争は、日本の演劇文化、ひいては文化全体に大きな影響を与えた題材であったからだ。

さらに、映画という技術が伝来してからの状況についてもふれるつもりだ。

前史 ～江戸時代の状況～

日清戦争（一八九四―九五年）は、日本が他国との間に行った最初の本格的な戦争である。

それ以前、特に江戸時代は鎖国政策をとっていたこともあり、他国との戦争の可能性は幕末にいたるまで少なかった。

江戸時代は内乱すら極めて少ない時代で、「ローマの平和（パックス・ロマーナ）」（紀元前二七―紀元一八〇年）をもじって「徳川の平和（パックス・トクガワーナ）」と言う人もいる。パックス・ロマーナが二〇〇年あまりであったのに対して、トクガワーナの方は三〇〇年近い平和だから、これは世界史においても注目すべき時代らしい。

江戸時代を代表する演劇は歌舞伎と人形浄瑠璃だが、戦争がないのだから当然同時代の戦争を扱った演劇はない。

同時代ではなく過去の戦争を扱った演劇なら、「平家物語」を題材としたものが代表格だろう。ただしそれが民族同士の内戦であることと、重要なテーマである「無常観」が色濃く投影されている関係上、一九六〇年代のアメリカ映画のような爽快感はない。むしろ敗者である平家にも感情移入がなされており、現代人が想起する戦争の悲惨さとは別の意味で戦争の無益さがうたわれていた。もっともこの無益さは特に戦闘員の側から見たものだったが。

繰り返すが、江戸時代には内外を問わず大きな戦争はなかった。あったとしても、実名を出し、同時代の出来事として劇化する可能性はまずなかった。同時代の武士の事件を実名で出すことは、支配階級への批判につながる関係上、禁じられていたのである。

したがって江戸時代の武士の事件を扱う場合は、過去の物語に仮託して描かれることになる。

江戸時代最大の事件のひとつである「赤穂《あこう》事件」を例に取ろう。俗に「忠臣蔵《ちゅうしんぐら》」の名で知られるこの事件のあらましは次の通りである。

一七〇一元禄一四年三月一四日、江戸城内で赤穂（現在の兵庫県の一部）の藩主・浅野内匠頭《たくみのかみ》が旗本・吉良上野介《こうずけのすけ》に斬りつけた。理由は明らかでないが、浅野が吉良に対し遺恨があったことだけははっきりしている。吉良は軽傷を負ったのみで命に別状はなかったが、浅野は殿中で刀を抜いた科《とが》により即日切腹となり、浅野家五万三千石は断絶となる。一方、吉良には何のお咎めもなかった。この不公平な処分に対し、浅野家家老・大石内蔵助《くらのすけ》はじめ残された家来のうち四七名は吉良を敵とねらい、翌一七〇二年一二月一四日に吉良邸に討ち入ってその首を取った。

この事件は歌舞伎・人形浄瑠璃において様々に劇化される。その決定版が一七四八寛延元年大坂・竹本座で初演された人形浄瑠璃の傑作『仮名《かな》手本《でほん》　忠臣蔵《ちゅうしんぐら》』であった。この作品はすぐさま歌舞伎にも移入され、人形浄瑠璃・歌舞伎、両方のジャンルにまたがる代表作となる。

ところで『忠臣蔵』はじめ赤穂事件を描いた演劇には、浅野内匠頭も吉良上野介も、大石内蔵助も登場しない。浅野内匠頭は「塩冶判官《えんやはんがん》」（または「塩谷」）、吉良上野介は「高師直《こうのもろなお》」、大石内蔵助は「大星由良之助《おおぼしゆらのすけ》」の名前で登場する。

作者は、実名を出さずにこの事件を劇化するため、よく似た状況を過去の物語に求めた。そこで室町時代初期の状況を描いた『太平記』の中に、上役のために不幸な死に至った大名の話「塩冶判官讒《ざん》死《しの》事」を見出す。高師直が、塩冶判官の妻に吉田兼好代筆の恋文を送るが拒否されたため、塩冶に無実の罪を着せて憤死させた事件だ。そこで浅野内匠頭を塩冶判官の名で、吉良上野介を高師直の名で登場させた。大石内蔵助に該当する人物はいないので、大星由良之助と少し名前を変えた。他の登場人物もまたしかり。こうしておくと、当局から詮議されても「これは『太平記』であって赤穂事件の芝居ではありません」という大義名分は立つ。この仮託すべき過去の物語を「世界」という。

「世界」を縦筋とした場合、横筋として絡んでくる出来事を「趣向」という。「世界」と「趣向」については第六章で改めて述べる。

戊辰戦争劇・西南戦争劇

本格的な戦争がなかったことと、武士の実名を出すことがはばかられたという二重の意味において、江戸時代に「同時代」の「戦争劇」は生まれようがなかった。歌舞伎に戦争を題材としたものが登場するのは明治維新以降である。戦争といっても、先に述べた通り他国との本格的戦争は日清戦争を待たねばならないから、題材は明治維新前後の内戦だった。

「明治維新」と呼ばれる一連の改革は、大政奉還から王政復古、版籍奉還、廃藩置県、さらにその後の諸改革へと展開する。「徳川の平和」の終焉を告げる本格的な内戦「戊辰《ぼしん》戦争」は王政復古のあとに勃発した。まずは事実関係を整理してみよう。

一八六七慶応三年一〇月一四日、一五代将軍徳川慶喜《よしのぶ》は朝廷に政権を返上することを申し出、朝廷も翌日これを承認した。これが「大政奉還」である。この時点では、徳川家は引き続き天皇を補佐して実質的に政権運営をするつもりでおり、大方の考えもその線で一致していた。しかし、薩摩（現在の鹿児島県）・長州（現在の山口県）を中心とする討幕派は、同年一二月九日、徳川家を排除して弱冠一五歳の明治天皇を中心とした新政府を設立する旨の「王政復古の大号令」を発表する。予期せぬクーデターだった。

徳川方がこれを承知するはずはない。一八六八年一月三日、徳川強硬派と新政府軍との武力衝突が起きる。世に言う「鳥羽・伏見の戦い」である。徳川方には、自分たちこそ正規軍であり、薩・長の新政府軍はクーデターを起こした反乱軍だという意識があったようだ。しかし、これに先立つ一八六七年一二月二七日、京都御所の建春門前で薩摩・長州・土佐（高知）・安芸（広島）の四藩による観兵《かんぺい》式《しき》が行われていた。観兵式とは天皇の前での軍事パレードのことで、このことは薩・長を中心とする新政府軍が「官軍」（天皇の軍隊）として認知されたことを意味する。

ちなみにこの観兵式で、薩摩軍は揃いの制服・制帽に身を包み、太鼓や笛による軍楽隊の演奏を先頭にイギリス風の行進をした。これに長・芸・土が続き、薩摩の砲兵隊が行進の最後を飾った。軍楽隊による行進と砲兵隊の参加という二つの要素は、日本の軍隊にとっても、また演劇をはじめとする日本の文化にとっても重要な意味を持つことになる。

観兵式によって新政府軍は「錦の御旗」を掲げた「官軍」となり、旧幕府軍は「朝敵」の汚名を着せられたまま鳥羽・伏見の戦いに突入する。戦力的には優勢とみられた旧幕府軍だったが、新政府軍の一斉射撃の前に敗れる。

一八六八年四月一一日、徳川側の本拠地・江戸城は無血開城され、江戸幕府は完全に滅亡することとなる。

おさまらぬ旧幕府側は、なおも各地で反乱を起こす。そのひとつが五月一五日に彰義隊《しょうぎ》が上野に立て籠もった上野戦争である。政府軍は総力を挙げて攻撃し、たった一日で彰義隊を壊滅に追い込んだ。その後も反政府の動きは北越戦争や東北戦争へと展開したが、ことごとく官軍によって鎮圧された。

その残党は榎本武揚《えのもとたけあき》を中心に北海道・箱館（函館）へと逃げのびるも、一八六九明治二年五月一八日、榎本の降伏により一連の戦争は終結した（箱館戦争）。鳥羽・伏見の戦いから箱館戦争までを、鳥羽・伏見の戦いの始まった一八六八年（慶応四年、改元して明治元年）の干支から「戊辰戦争」と総称している。

話を演劇に戻そう。

戊辰戦争のうち、庶民の強い関心を集めたのは、戦闘が大都市近辺で行われた上野戦争だった。上野戦争を扱った演劇として最も早い例は、幕末から明治にかけて活躍した歌舞伎の大作者・河竹黙阿《もくあ》弥《み》（当時・二代目河竹新七）による『狭間《はざま》軍紀《ぐんき》成海録《なるみのききがき》』だと言われている。

一八七〇明治三年、東京・守田座（のち新富座）で初演されたこの歌舞伎劇は、織田信長が今川義元を奇襲によって破った桶狭間の戦（一五六〇永禄三年）を描いている。しかし桶狭間合戦の場が上野戦争を当て込んだものであることは、初演当時から知られていた。江戸時代の慣習にしたがって、同時代の事件を過去の「世界」に適用したのである。五代目尾上《おのえ》菊五郎扮する水間《みずま》左京之《さきょうの》亮《すけ》は、彰義隊を指揮した天野八郎を暗示しており、それも手伝って大入りを記録したという。

この劇を描いた浮世絵に銃撃戦が描かれていることは注目してよい。水間左京こと天野八郎の背後には、銃弾の軌跡を示す数本の赤い線が描かれている。舞台で銃撃戦の場面があった確証はつかめないが、歌舞伎を題材にした絵画に近代兵器が登場した最も早い例のひとつだろう。赤い線が弾幕射撃によって勝利した官軍側のものであることはいうまでもない。

なお『狭間軍紀成海録』に始まる一連の上野戦争劇については日置貴之に詳細な考察がある。以下、上野戦争に関しては日置論文を参考にしたことをことわっておく。

『狭間軍紀成海録』に続く上野戦争劇は、一八七五明治八年東京・新富座で初演された『明治年間東《あずま》日記』で、作者は同じく河竹黙阿弥である。

この劇は一八六八明治元年から一八七五年までの八年間を各場面に仕組んでおり、上野戦争とその後を同時代の出来事として描いているところが新しい。一幕で上野戦争（一八六八年）、二幕で箱館戦争（一八六九年）、三幕で箱根山の戦い（一八七〇年に設定）と、最初の三幕で三つの戦闘を描く。さらに身分解放令（一八七一年）、娼妓《しょうぎ》解放令（一八七二年）、敵討禁止令（一八七三年）などの制度改革を採り入れ、車夫や巡査といった新しい職業を登場させている。

このように最新の風俗を写すという歌舞伎の役割は果たしているが、御家の重宝の刀が人から人へ渡ったり、娘が身売りしたり、悪人が改心したりと、劇の骨格は旧来の歌舞伎のそれと大きく変わらない。興行的にも不入りだったという。

題材は額面通り受け取れば上野戦争と箱館戦争ということになる。しかし箱館戦争の場面は、実は上野戦争後彰義隊の残党の一部が合流して、飯能《はんのう》付近において官軍との間で戦闘を起こしたいわゆる「飯能戦争」である可能性を日置貴之が指摘している。

『明治年間東日記』には人物は実名で登場せず、清水谷之丞・大仏六郎など、上野にちなんだ役名（清水観音堂・上野大仏）が使用されている。また、当時の尾上菊五郎扮する轟坂《とどろきばん》五郎という登場人物は、例の天野八郎に、飯能戦争を戦った渋沢平九郎など複数の人物を合体させたものだという。

浮世絵に描かれている戦闘場面には、刀を振りかざして戦う和装の轟坂五郎（尾上菊五郎）と竹槍で突きかかる敵兵という古典的な構図の背後に、やはり銃弾を示す数本の赤い線が描かれている。

足かけ二年に及ぶ戊辰戦争における官軍の勝因は、このように圧倒的な銃火器の力だった。

ところで戊辰戦争の戦闘のうちのかなりの部分は、避けることができたといわれている。新政府が初期の段階で手を打っていれば、多くの血は流れずにすみ、反政府勢力は和平に応じただろう。しかしあえて反政府勢力が結集するまでは見て見ぬふりをし、武力行使に出るのを待ってから兵を挙げ一気にたたくのも戦略である。より完全な王政復古のためには、犠牲を払ってでも徳川色を一掃することが重要だった。それを意図的に行った人物がいるとすれば、それは西郷隆盛以外には考えられない。

つまり、戊辰戦争は極論すれば、西郷隆盛による西郷隆盛のための戦争だった。

そしてその西郷隆盛は、のちに戊辰戦争で活躍した兵士たちのその後の不満を一身に引き受けるかたちで政府に反乱を起こすことになる。すなわち西南戦争である。

西南戦争は、一八七七明治一〇年、西郷が不平士族の勢力を結集して政府軍に反乱を起こしたもので、激戦は八ヶ月に及んだ。戦地は東京から遠く離れた九州だったが、中央でもこの内乱は大きな注目を集めていたらしい。

終結後の一八七八年二月、当時最大の劇場であった東京・新富《しんとみ》座で西南戦争を題材とした『西南雲《おきげのくも》晴《はらう》朝東風《あさごち》』が上演されて記録的な大あたりを得た。作者はやはり河竹黙阿弥である。九代目市川団十郎・初代市川左団次・五代目尾上菊五郎という豪華キャストで、特に西郷隆盛に扮した団十郎の評判は高く、西郷の号「南州」をもじって「団州」とあだ名された。ただし西郷隆盛は西條高盛、西郷の同志・桐野利秋《としあき》は岸野年秋、同じく同志・篠原国幹《くにもと》は簑原国元というふうに、登場人物名は微妙に改変されている。

『西南雲晴朝東風』は台本が残っていないが、舞台では銃撃戦の様子をリアルに見せ、実際に西洋花火を用いたという。浮世絵にもやはり赤い線が描かれている。

『狭間軍紀成海録』『明治年間東日記』『西南雲晴朝東風』に共通していえるのは、作者・黙阿弥の視線が勝利した官軍よりも敗者に注がれていることだ。同じ民族が傷つけあう内戦であるだけに、勝利の爽快感は表現されていない。戦争劇以外にも、黙阿弥は没落士族などの敗者に焦点をあてた作品を多く書いている。

なお時代は少し下るが、一八九〇明治二三年五月に東京・新富座で黙阿弥の弟子・竹柴其水《きすい》による『皐月晴上野朝風《さつきばれうえののあさかぜ》』が上演されている。題名が示す通り上野の戦争を題材にしたものだが、人物が実名で登場する点が特徴である。ここで尾上菊五郎は初めて「天野八郎」に扮した。実名を出したために、劇中で討ち死にした人物が実際は生存しているなどといった誤りが草稿段階で見つかるなど、作者は事実関係の確認に苦慮したようだ。

ともあれ、黙阿弥・其水あるいは菊五郎による『明治年間東日記』および『皐月晴上野朝風』により、「上野戦争が、赤穂浪士の討ち入りと同様の次元ではなく、観客にとって実感のある、近い過去の事件として意識され」（日置）たことはたしかだろう。戦争の記憶が観客にも共有されるという、おそらくは日本演劇史上初の体験は、やがて後に述べる日清戦争劇の熱狂へとつながってくる。

なお、本作でも登場人物が流れ弾に倒れる場面が描かれていることは注目してよい。戊辰戦争以降、近代戦争の勝敗を決めるのは銃火器だった。しかしこの時点で歌舞伎は銃火器のスピード感に対応できていない。というより、歌舞伎役者の身体が近代戦争を表現するには不向きだったのだ。これについては日清戦争劇の項で述べる。

川上音二郎とは

いよいよ川上音二郎が切り拓いた日清戦争劇にふれなければならないが、その前に川上音二郎という人物について簡単に紹介しておく必要があるだろう。というのも、川上はその来歴からして日本演劇史上特異な人物であり、そのパーソナリティを語らずして彼の戦争劇を語る事は難しいからだ。

川上音二郎は一八六四文久四年一月、博多対馬《つま》小路《しょうじ》に生まれた。実家は福岡藩御用達の商人だったが、明治維新を境に家運は一気に傾く。父の道楽、継母との不和などが原因で、川上は一四歳にして単身博多を出奔する。西南戦争を鎮圧するために政府軍が博多に次々と上陸するちょうどその頃であった。博多から貨物船にもぐりこんだ川上は、大阪に着岸すると東海道を東京へ徒歩で上り、芝・増上寺の小僧になったり、福沢諭吉と知り合って慶應義塾の学僕になったりと、職を転々とする。それがだめだとわかると、インチキの傘張りをしながら東海道を下った。一時は博多に戻って巡査にもなったという。

川上が自由民権運動の壮士として活動を始めたのは一八八二明治一五年である。その後京阪を中心に「自由童子」の名で売り、当局にマークされる存在になりあがっていく。川上の自由民権思想への理解がそれほど深いものだったとは思えない。しかし人を引き付ける術にはたけていた。また度重なる検挙によって、その名前が急速に世間に知れ渡ったことも、運動家の中では特殊だった。

自由民権運動の激化にともない、当局による言論への弾圧は激しくなる。川上の演説は特に過激で、たびたび活動を禁ぜられた。川上は講釈師になったり落語家になったりと、手を替え品を替え運動を継続していった。

一八八八明治二一年一二月、岡山出身の運動家・角藤定憲《すどうさだのり》が大阪・新町座で演劇の一座「大日本壮士改良演劇会」を旗揚げする。演劇によって自由民権思想を広めようという試みで、「東洋のルソー」と呼ばれた思想家・中江兆民のアドバイスによるものだった。通説では角藤が歌舞伎以外の俳優による新演劇の「元祖」ということになっている。新演劇は、当時は「壮士芝居《そうし》」と呼ばれ、後に「新派」というジャンルとなった。しかし実は「元祖」は川上である。川上は一八八七年から歌舞伎やニワカの一座に合流したり、「改良演劇」と名乗って興行したりしていた。そして、いつしか本格的に演劇の世界に首を突っこむようになる。

角藤が素人同然の俳優をかかえながら地方で悪戦苦闘したのに対し、川上はひたすら中央をめざした。

細かい経緯は省くが、挫折を繰り返したのち、川上の一座は一八九一明治二四年、ついに東京の大劇場・中村座に進出する。『皐月晴上野朝風』が上演された翌年のことだった。主な演目は板垣退助が岐阜で暴漢に襲われた事件を題材にした『板垣君遭難実記』や、江藤新平の佐賀の乱を描いた『佐賀暴動記』などである。板垣も江藤も戊辰戦争の英雄であるのは偶然だろうか。

演劇といえば歌舞伎しかない時代である。人々は、最初川上の演劇をゲテモノと考えていたようだが、立て板に水のセリフ回しが鮮やかで、立ち廻りがリアルなのがうけた。歌舞伎の立ち廻りは三味線に乗って型重視でのんびりとやる。それは様式美として確立されており、歌舞伎俳優の身体にしみついていた。観客もそういうものと信じて疑わなかった。ところが川上の場合は本物の喧嘩同然で、頭を舞台にたたきつける音が客席に響くほどだった。楽屋には医者が常駐していた。幕間に歌うオッペケペー節も庶民の人情を代弁して大いにうけた。弁舌といい乱闘といい、自由民権の運動家としてならした経験が演劇でも役に立ったのだ。

人気者になった川上は、花柳界との付き合いもでき、葭町《よしちょう》一番の芸者・奴《やっこ》と夫婦同然となる。後に日本最初の本格的女優となる川上貞奴《さだやっこ》である。奴のとりまきには初代内閣総理大臣・伊藤博文や、その懐刀の金子堅太郎がいた。金子は川上と同郷であり、なにかと川上を引き立てた。伊藤には数度の洋行経験があり、金子はハーバード大学卒である。国際派の二人に世界を見ることを勧められ、川上は一八九三明治二六年単身パリに渡る。

帰国後の一八九四年、パリ土産の現代劇シリーズ『意外』『又意外』『又々意外』を上演して新境地を開いた。これらは西洋種の焼き直しに過ぎなかったが、推理劇・社会劇の要素を持っている点が新しかった。また、劇中電気の効果を見せたのも当時としては非常に珍しかった。

なお、このころ角藤定憲も川上に遅れて東京に初進出している。一八九四年六月に東京・吾妻座で上演した『快男児』は、西南戦争を題材としたもので、好評を博している。

川上の「日清戦争」劇

川上の『又々意外』が東京・浅草座で上演されている最中の一八九四年八月一日、日本は清国に対して宣戦布告する。日清戦争の始まりである。

川上は八月三日、好評の内に『又々意外』の千秋楽を迎え、八月七日には警視庁に出頭し、日清戦争劇の脚本認可を願い出ている。当時は上演の度ごとに当局に脚本を提出し、上演許可を得なければならなかったのだ。

実際には六月五日に大本営が設置され、七月には日清両国の武力衝突が始まっていたから、すでに戦時体制にはあったのだが、それにしても宣戦布告の六日後に脚本認可を願い出るとは、まことに迅速な対応と言わざるを得ない。

ただし機を見るに敏であったのは川上ばかりではない。いくつかの歌舞伎や新演劇の一座が、ときを同じくして認可を願い出ている。しかし認可がおりたのは川上一座が最初だった。当時の新聞記事をみると、歌舞伎の一座が認可されなかった理由として次のような事柄が挙げられている。

・歌舞伎俳優が節操もなく白粉《おしろい》を塗って軍人に扮するのは、軍人の面目を汚す。
・歌舞伎は、脚本においても演技においても婦女子の人気を得ることのみに苦慮するものだから、士気を高めることにならない。
・歌舞伎俳優に比べて新演劇の俳優は武骨であり、教養も思想もあるので士気を鼓舞する効果がある。

いち早く川上が認可されたことについては、伊藤や金子ら政府高官とのつながりも考慮に入れなければならない。しかし新聞記事が指摘するように、歌舞伎と新演劇の身体のたたずまいの相違が認可のポイントとなっていることは注目に値する。歌舞伎では役にかかわらず、まず白粉を下地として塗って、その上に役にふさわしい化粧をほどこしていく。これは電気照明のなかった時代に、薄暗い劇場内で俳優の顔を効果的に見せるための工夫だった。一方、川上ら新演劇の俳優は特段化粧をせず、素のままで舞台に立った。化粧の方法を知らなかったというのが実情だろうが、こうしたこともさいわいした。

川上の『日清戦争』は八月二一日に認可を受け、東京・浅草座で八月三一日に初日を明けた。連日大入り満員で、一〇月七日まで異例の長期興行を行う。

特に激しい戦闘場面が評判で、俳優の中から毎日四、五名の負傷者が出た。舞台のうしろには二名の医者が控えていて治療にいとまがなかった。興奮した観客が舞台に上がって、清兵に扮する俳優を殴る一コマも見られた。李鴻章役の俳優には客席から物が投げ込まれた。しかしこの俳優はびくともせず芝居を続けて名を挙げた。後に「新派の団十郎」と呼ばれた高田実である。

さて『日清戦争』の脚本だが、実は日清戦争そのものを描いたものではない。松本伸子の調査によると、パリ・シャトレー座で上演された『北京占領』『ミシェル・ストロゴフ』という二つの戦争劇の場面を採り入れたものだという。前者はアヘン戦争を、後者はロシアと韃靼《だったん》の戦いを描いたものだった。その激しい戦闘場面は川上がパリで実際に見たもので、それを日清戦争として焼き直したにすぎない。つまり日清戦争勃発以前から脚本の骨子はできあがっていたのだ。

こうした事情は伏せられたまま『日清戦争』は上演され、大ヒットを飛ばした。それはやがて、空前の日清戦争劇ブームへと拡がってゆく。

日清戦争劇ブーム

川上音二郎の『日清戦争』が一八九四年八月三一日から一〇月七日まで、異例の長期興行だったことはすでに述べたが、劇場からはさらに期間延長の要請があった。しかしすでに横浜・湊座との約束があったので、『日清戦争』は横浜に場所を移して一〇月一〇日から一〇日間上演された。

川上に倣って歌舞伎・新演劇に関わらず、どの劇場も一斉に日清戦争劇を上演した。特に、歌舞伎の殿堂ともいうべき歌舞伎座では、風潮に押されて当代随一の俳優・九代目市川団十郎が『海陸連勝日章旗』を出したが、川上ほどの成果をあげることができず、かえって評判を落とす結果になった。

一方川上は、東京・浅草座で『日清戦争』を興行中の一〇月五日、渡韓従軍の許可を警視庁からとりつけている。一〇月二二日には一座の送別会をし、すぐさま新橋から渡韓の途に就いた。こうしたいきさつも逐一新聞に報道されて、否が応でも川上一座への関心が高まる。川上が戦争取材のため単身韓国に渡ったため、残った座員は『日清戦争』を持って名古屋・末広座に移った。川上不在の一座だが、ここでも連日大入り満員を記録した。

なお、川上に倣って新演劇の福井茂兵衛や角藤定憲も座員を現地に派遣した。角藤は後に自らも渡韓したと伝えられる。こうしたフットワークの軽さも新演劇の強みだった。

ところで少しさかのぼって一〇月三日、川上は新聞紙上で俳優見習い三〇名を急募している。帰国後の次回作ではさらに大規模な戦闘場面を構想していたのだろう。

さて、その次回作は『川上音二郎戦地見聞日記』と決まった。劇場は東京・市村座である。当初は一一月三〇日に初日を明ける予定だったが上演許可が下りず、訂正のため日数を費やすはめになった。登場人物を実名にしたため、名誉毀損のおそれがあると当局から注意を受けたのだ。前作『日清戦争』が実は西洋種の焼き直しだっただけに、今回は実名を出して「戦地」を「見聞」した「日記」であることにこだわりたかった。しかし実名を出すとさしさわりがあるのは『皐月晴上野朝風』でも述べた通りだ。『皐月晴』は二〇年も前の戦争を描いて問題になった。ましてや『見聞日記』は現在進行中の戦争である。やむなく登場人物を仮名にして認可をとりつけ、一二月三日に初日を迎えた。

ところが仮名にしたのがかえって吉と出た。劇中の人物「石川騎兵少尉」は、実名は埼玉県黒浜村出身の「竹内《たけのうち》少尉」だというので、それをアピールするために同村の村長が五〇〇名の団体客を募って総見物を申し込んでくれたのだ。

なお今回も『日清戦争』同様、興奮した観客が舞台に上がって清軍の士官に飛びかかるという事件があった。清軍士官役の俳優は愛嬌者で、剣を抜いてその観客に対応したので、客席は総立ちとなって応援をする。警官が駆けつけて両者を引き分けたところで、興奮した観客は我に帰った。

日清戦争劇が変えたもの

観客が我を忘れて舞台へ上がったという逸話は、二つのことを私たちに提示している。ひとつは、いうまでもなく近代最初の対外的戦争である日清戦争に対する国民の思い入れが一通りでなかったということ。もうひとつは、芝居と現実との区別のつかない人、すなわち演劇を見る習慣のない人が劇場に足を運んだということ、つまり新しい観客層が開拓されたということだ。戦争は演劇の裾野を確実に拡げた。

『戦地見聞日記』興行中の一二月九日には、東京・上野の博物館前にて催された祝捷《しゆくしよう》大会（勝利を祝う大会）で、川上一座の『日清戦争』が皇太子殿下の上覧を得るという名誉にあずかった。その後一座は市村座に戻り、いつものように『戦地見聞日記』を上演したが、皇太子上覧の話題のせいか、市村座始まって以来の大入り客止めとなった。

一八九四年末には、ふたたび俳優見習いの募集をかけ、さらに翌一八九五年一月三〇日からは日清戦争劇の新作『戦争余談明治四十二年』を市村座で上演した。その後名古屋・末広座、若松・朝日座、四月には郷里博多の教楽社を大好評のうちに打ちあげ、東京に戻った。

そして五月一七日より、ついに当時最大の劇場にして歌舞伎の殿堂・歌舞伎座で『威海衛《いかいえい》陥落』を上演するはこびとなった。歌舞伎俳優でない川上一座が檜舞台を踏むことに激怒した九代目市川団十郎が舞台を削り直せと言ったエピソードが伝えられている。

団十郎の発言が事実であるかどうかは確認できない。ただ言えることは、団十郎の発言がまことしやかに聞こえるほど、歌舞伎は追い詰められていたということだ。一連の日清戦争劇ブームは、新演劇の圧勝に終わった。そして日清戦争劇を境に、「壮士芝居」「書生芝居」などとあざけり半分に言われた新演劇は、完全に市民権を得ることとなる。

結局、開戦から一年の間に、川上一座のものも含めて東京・大阪・京都だけでも三〇以上の日清戦争劇が上演された。後に触れるが、地方でも次々と新演劇が芽吹き始める。しかも中央都市とのタイムラグはほとんどない。

日清戦争劇において歌舞伎が新演劇に敗れた理由については様々考えられるが、歌舞伎俳優の身体が現実の身体に追いつかなくなったという説はかなり有力だろう。

ここで、明治維新で活躍した薩摩の軍隊が、音楽隊の演奏によって行進したことを思い出したい。それは「行進」としては不完全なものだったかもしれないが、目指すところが集団での整列行進であったことは疑う余地がない。「強兵」を目指す明治政府にとって、兵隊が号令にあわせて整然と行動できることは最低条件だった。

これについては、三浦雅士『身体の零度』に考察がある。三浦は、歌舞伎の演出家であり伝統文化に関する論客でもあった武智鉄二の言葉を引きつつ次のように述べる。

〔武智は〕日本人はリズムにあわせて行進するなどということはできなかったのだ。それができるようになったのは、明治政府が政策として日本人の歩き方を根本的に変えてしまったからだというのである。

かつての日本人は、手を振って歩くことをしなかった。つまり右足が出るとき反対の左手が出るような歩き方ではなかった。歩くときは手を振らないか、振るとしたら同じ側の手と足が同時に出る歩き方だった。これを「ナンバ」という。ナンバは鍬をふるう農耕民族特有の体の使い方だというのが武智鉄二の説だが、確たる証拠はない。しかし、様々な断片的証拠を総合すると、日本人が決して今のように手を振って歩いていたのではないということはわかる。

剣道・柔道・合気道など、日本古来の武道は同じ側の手足が同時に動く。この方法だと手先が遠くに届くのだ。武道だけではない。いま問題にしようとしている歌舞伎俳優の身体についていえば、その根本を支えている日本舞踊の身体の使い方はまさにナンバであった。

一方、「明治政府の最大の課題は、農民の身体をいかにして近代的な兵士の身体にかえるかということにあった」(三浦)。徴兵制が実施されたのは一八七三明治六年一月、三年間に三万人の農民兵を徴集して訓練する計画だった。しかし一八七七年の西南戦争では、反乱軍の五人に一人は戊辰戦争経験者のつわもの、一方政府軍の多くは農民出身だ。まだこの時点で農民からなる兵士の身体は近代化されておらず、鎮圧に相当の日数を要した。

しかし日清戦争前夜ともなると、さすがに日本人の身体は変質しつつあった。国民皆兵のための義務教育が採用される一八九六年頃には、ナンバの動きは消えたという。脱ナンバのための身体訓練は、小中学校の運動会における入場行進にその痕跡を残す。

歌舞伎という演劇は、つねに最新の当世風俗を写すことによって生きのびてきた。しかし、現実の身体が近代的になっていくのに対応できなくなった時点で、歌舞伎は風俗の活写という役目を放棄することになる。そしてその部分は新演劇に譲り、自らは古典化あるいは時代劇化していく。そのきっかけが日清戦争にあったことは間違いない。

地方の日清戦争劇

日清戦争劇ブームは、上記のような中央の大都市だけでなく、地方都市にも伝播していった。川上音二郎のお膝元・博多を例に取ろう。最初に日清戦争劇を上演したのもやはり新演劇の一座だった。一八九四明治二七年一〇月一一日より山岡如萍《じょひょう》・笠岡勝の一座が中洲・栄楽座《えいらくざ》で『日清事件旭影大和魂《あさひかげやまとだましい》』という演目を上演している。好評につき一一月一日からは『日清事件志士の功績』と演目を改めて中旬まで興行を続けた。

これに対してライバル教楽社《きょうらくしゃ》では、一一月八日より開場した市川市紅《しこう》・実川正若《せいじゃく》らの歌舞伎の一座が興行し、『日清番動《ばんどう》』四幕を出している。

川上音二郎が東京・浅草座に『日清戦争』をかけたのが八月三一日だから、これが地方に伝播するのにわずか二ヶ月余のタイムラグしかなかったことになる。しかも劇団が中央から巡業してきたのではなく、地方廻りの一座が自分たちで工夫した演目を出したことは驚くべきだろう。栄楽座も教楽社も、独自に大道具を考案して戦闘場面を効果的に見せた。川上音二郎が博多に巡業してくるのは一八九五年四月である。とにかく日清戦争を出せば当たる時代で、誰もがわれ先にと争った状況がうかがえる。

日清戦争劇を上演したのはこの二劇団だけではない。川上音二郎が博多入りする前に、次の三団体が興行している。

○矯風義会　原田孝治一座、教楽社、一八九五年一月三〇日―二月一五日以前
『金朴暗殺始末幷に日清事件旭影大和魂』一月二〇日より
『強悪奇聞沢辺謙二郎の伝』、切『日清事件』二月九日より
○矯正義会　神斎府赤鷺一座、栄楽座、同年三月二日―四月初旬
『日清事件』三月二八日より
「日清事件旭の桜」三月三一日より
○正風義会　山岡如萍一座、栄楽座、同年四月一五日―五月初旬ヵ
『征清事件』四月一五日より
『馬関兇変仮面壮士桜花毛虫（一名小山豊太郎）』四月二〇日より

こうした物々しい団体名から分かるように、九州における新演劇は国威発揚をうたって登場した。新演劇は自由民権運動から発したはずだ。しかし「壮士」と呼ばれる人々の中には民権思想はそっちのけの食いつめ者も多くあった。それが、戦争を契機にこのようにねじれたかたちで地方に広まったことがわかる。自由民権とナショナリズムは決して矛盾するものではない。

自由民権運動のシンボル的存在であった板垣退助ですら、強力な政権をめざして戊辰戦争を戦い、また後には征韓論をとなえて海外雄飛を主張した。その一方で議会開設のため私財をなげうったのだから、今日のようなナショナリズム対リベラルの構図はまだない。

つけ加えておくと、上記の物々しい名前の三団体は、もとは一つの団体だった。九州一円を巡業するうちにつまらないことで仲間割れをし、結束と分裂を繰り返して三団体に落ち着いたものである。

とにかく世相は戦争一色で、演劇以外にも様々な催しが行われた。

一八九四年一一月に山岡一座が打ち上げたあとの栄楽座では、慈善音楽会が催されたが、軍隊の行進には不可欠な博多音楽隊が出演している。また、改良にわかも併せて上演された。外題は『時は今義勇の真顕《しんけん》』三幕と『日清事件未来の日本』一幕、いずれも日清戦争ものである。

一八九五年三月三一日に休戦条約が成立し、日清戦争は一応の終結をみた。戦勝ムードのためか終戦後も新演劇による日清戦争劇の人気は相変わらずで、前に挙げた四月栄楽座の山岡一座「正風義会」などは札留の大入りだった。

川上音二郎が始めた日清戦争劇の大成功は、歌舞伎役者以外の新演劇を全国に一気に芽吹かせた。

これには二つの意義がある。ひとつは、歌舞伎役者の身体があくまで和装をして前近代を演じるにとどまるのだという、一定の結論を導いた点にある。新しい時代の身体は新しい俳優の身体によってまかなわなければならないということだ。二つ目は、これと関連することだが、歌舞伎だけが演劇ではないのだという、ごく当たり前のことに観客が気づいた点だろう。

日清戦争劇によって市民権を得た新演劇は、そこから「新派」、さらに「新劇」へと分岐してゆく。川上音二郎の演劇人としての人生も日清戦争劇で山場を迎えるわけではない。このあと冒険活劇のような波瀾万丈のドラマが待っているのだが、その件は拙著『伝統演劇の破壊者　川上音二郎』にゆだねることにする。

映画伝来

本章を映画の話から始めた以上、最後に映画の話にふれないわけにはいかない。

フランスのリュミエール兄弟が、パリで最初の映画を公開したのは一八九五年である。「シネマトグラフ」と呼ばれるこのシステムは、「シネマ」（映画）の語源となっている。ちなみにアメリカの発明王エジソンは、これに先駆けて「キネトスコープ」を発明していた。しかしキネトスコープはのぞき窓から箱の中の動画を見る装置で、一度に多くの人が見られない。これに対して「シネマトグラフ」はスクリーンに投影する形式だったので、これが受け容れられていまの映画へと発展したのだ。

一方、エジソンもスクリーンに投影する形式の「ヴァイタスコープ」を発明し、ほどなく実用化している。

シネマトグラフが日本に輸入されたのは、一八九七明治三〇年だった。京都モスリン紡績会社の稲畑勝太郎が「自動写真協会」なる団体を名乗り、二月一五日より大阪・南地《なんち》演舞場で第一回興行を行ったのが、わが国における映画興行の最初となる。

前後してエジソン改良のヴァイタスコープも輸入された。稲畑のシネマトグラフに遅れること七日、二月二二日より、大阪の新町演舞場で初公開されている。主催は大阪の西洋雑貨商・荒木和一、団体名を「日本未曾有《みぞう》蓄動射影会《ちくどうしゃえい》」という。

大阪で興行した稲畑・荒木とは別に、東京でも新居商会と吉沢商店が、それぞれヴァイタスコープとシネマトグラフを輸入している。

新居商会は、一八九七年二月二七日に歌舞伎座でヴァイタスコープの試写を行い、好評を博した。歌舞伎座では九代目市川団十郎・五代目尾上菊五郎という、当時最高の顔ぶれによる歌舞伎が上演されており、試写は終演後だった。新居商会としては引き続き歌舞伎座で興行を行うつもりだったが、団十郎の反対にあい、三月六日より神田の錦輝館《きんきかん》に場所を移して興行を続けた。その際「活動写真」の名称が用いられている。

一方の吉沢商店も前後してシネマトグラフを輸入していたが、神田錦輝館を押さえようとしたところが新居商会の先約があったため、横浜・湊座を借りて三月九日から興行を開始した。

また吉沢商店より一日早い三月八日、稲畑勝太郎の別働隊である横田永之助の「仏国幻画協会」が東京・川上座でシネマトグラフによる「自動幻画」の興行を行っている。川上座は川上音二郎の建てた劇場だが、借金返済のために人手に渡り、映画などにも劇場を貸していた。

このように同時期に様々な団体が二種類の映画技術を輸入し、試行錯誤しながら興行を行ったのが初期の映画の状況である。名称も「自動写真」「活動写真」「自動幻画」など様々だが、やがてそれは「活動写真」へと統一されてゆく。

現在のように、映画館があるわけではないので、映写機を各地の劇場に持ち込んで上映した。歌舞伎や新演劇はまだ昼間に上演されていたから、夜の時間帯を利用して行うことが多かった。ヴァイタスコープは直流電源が必要なので、発電機が要る。一方シネマトグラフは交流電源を流用できるので普通の電灯線を利用できた。ただし、各地方都市で「電灯会社」が送電を開始するのは明治三〇年代（一九〇〇年前後）を待たねばならないから、電源が確保される保証はなかった。初期の映画は音声の出ない「無声映画」である。映画の巡業隊に同行して映像の説明をする「活動弁士」という職業を生んだのも日本独自の現象である。またそれらは専属の楽隊をともなうことになる。

映画が輸入されてから最初の二、三年は、ごく短いものを上映する程度だった。技術的にも内容的にも飛躍的な進歩が見られるのは一九〇〇年前後である。まずフィルムの種類が増えた。さらに一本の上映時間が長くなった。日本で撮影されたオリジナルも出始める。まだ劇映画はなかったが、演劇、とりわけ歌舞伎を撮影したものが登場する。そして何より、戦争を写したものが上映されるのもこのころである。

戦争を取材した映画の最初は、アメリカとスペインが西インド諸島とフィリピンにおいて衝突した米西戦争（一八九八年）だろう。米西戦争のフィルムは翌一八九九年にすでに輸入された記録がある。

さらに人気を呼んだのは「北清事変」別名「義和団事件」だった。一九〇〇年六月に始まり、翌一九〇一年に終結したこの戦役には欧米八ヶ国連合に加えて日本軍も参戦したから、国内の大きな関心を呼んだ。北清事変関係の映画は遅くとも一九〇三年には全国各地で上映されている。いまのニュース映画のはしりとみてよい。

初期の映画で人気を博したのは、戦争映画だけではなかった。フィルムを切って繋ぎ合わせることにより、まるで手品を見ているように不思議な映像が眼前に現れる。たとえば先ほどまで画面にいた人物が忽然と消えるといった、演劇では表現できない現象を観客は目のあたりにすることとなった。

実は、戦争映画と手品のような映画は対極にあるようで、根っこではつながっていた。戦争映画の中には、現地で撮影されたのではなく、人工的に戦闘場面を作り出したものが多く混在していた。しかしそこは映像の魔術で、観客はそれを実際の戦闘と信じこんで観ていたのだ。

こうして映画は一九〇〇年代はじめ（明治三〇年代なかば）に著しい活況を呈した。その最中、一九〇四（明治三七）年二月に日露戦争が勃発する。すると五月にはすでに日露戦争関係の映画が公開されている。日清戦争のときは演劇がそれ一色になったように、今度は映画が日露戦争一色に染められた。戦争は一九〇五年九月に終結したが、その後も夥しい数の映画巡業隊が各地を転々とする。

こうして、描かれた内容が真実かどうかはさておき、演劇が最大のメディアであった時代は終わった。戦争映画のブームが一段落すると、今度は長尺の劇映画の時代に入る。長尺といっても長くて四〇分程度だが、それでも当時としては革命的だった。また同時に各地に映写設備を備えた映画専門館が開館し、映画の巡業隊はフィルムを持ち運ぶだけでことがすむ時代に突入する。巡業隊が一体どのくらいの本数を持ち運んでいたのかというと、一九〇四年に一〇〇種類以上という記録が残っている。それでも、数十人の俳優と裏方が衣裳・小道具を持って移動するのに比べるとはるかに簡便だった（大道具は現地劇場の担当である）。

なお日露戦争頃から、名称は「活動写真」から「映画」へと統一されてゆく。

ふたたび一九六〇年代

一九六〇年代の戦争映画に話を戻す。戦争を知らない私の世代はともかくとして、一九六〇年代に青年期・壮年期を迎えた日本の戦前・戦中世代が、アメリカはじめ連合軍が痛快に勝利する映画に拒否反応を示したという話をあまり聞かない。ドイツと同盟関係にあった日本人としても、また平和憲法をもって再出発した戦後日本人としても、これは不思議な現象と考えざるを得ない。

しかし、戦争を題材にした演劇と映画の歴史をふりかえるとき、私たちはあまりに無邪気にこれらを享受してきたということがわかる。戦争劇や戦争映画が娯楽として通用する時代が普通の状態であったのか、あるいは文化史の中で特殊な状態であったのか、それは後世の検証を待たねばならないだろう。

また、アメリカが無邪気な戦争映画を量産した前後においても、一方で第一次大戦の恐怖や痛々しさを描いた『西部戦線異状なし』（一九三〇年、アメリカ）、同じく第一次大戦における敵味方の友情を描いた『大いなる幻影』（一九三七年、フランス）、やはり第一次大戦を題材とした強烈な反戦映画『ジョニーは戦場へ行った』（一九七一年、アメリカ）などのあることを忘れてはならない。これらは第一次大戦を題材としている点で共通しているが、第二次大戦を経て人々の戦争観は一時退化したのかも知れない。

「正義」のための戦争というものがありえないと多くの人間が考えるいまなお、「正義」と称して他国に侵攻する国家がある。こうした時代だからこそ、戦争については文化史の側面からもっと考察されるべきであろう。その意味では、戦争というものの原罪について徹底的に考察した井上ひさしの戯曲や、戦争を神話性との関わりで描く野田秀樹の戯曲についても対象とすべきだが、別の機会に譲りたい。

〈参考文献〉

岩井眞實『近代博多興行史』文化資源社、二〇二二年
岩井眞實『伝統演劇の破壊者　川上音二郎』海鳥社、二〇二三年
倉田喜弘『近代劇のあけぼの』毎日新聞社、一九八一年
日置貴之『変貌する時代のなかの歌舞伎』笠間書院、二〇一六年
日置貴之『明治期戦争劇集成』科研費報告書、二〇二一年

松本伸子「川上一座の『日清戦争』について」『演劇学』三一号、一九九〇年
三浦雅士『身体の零度』講談社、一九九四年
渡辺保『明治演劇史』講談社、二〇一二年

コラム③　栗山民也さん・鳥越文藏先生・平田満さん

栗山民也さんは、日本を代表する演出家のひとりである。年間三〇〇日は稽古場で過ごす。早稲田大学文学部の演劇専攻に籍を置いていた栗山さんは、授業の際、ある教授から能のチケットをもらった。教授のところにはしばしば招待チケットがくる。教授が行けない場合、学生の誰かがおこぼれにあずかることになる。能の演目は『姥捨《おばすて》（伯母捨）』というものだった。能など観たことがない。ましてや、『姨捨』は秘曲と呼ばれる珍しい演目らしい。高価なチケットを無駄にしないよう、栗山さんはしっかりと予習をしてのぞんだ。

そして、したたかに感動した。見終わったあと、しばらく椅子から立てなかった。栗山さんはそのとき、舞台芸術の世界で生きていく決心をしたのだという。

ところでチケットをくれた「教授」とは、鳥越文藏先生。私の師匠である。栗山さんは私より六、七歳年上であり、私は大学院から鳥越先生の指導を受けたので、当時直接の接点はない。後に知り合いになってこの話を聞いたのだった。

こういう観劇体験があるのはしあわせだ。私の場合は、つかこうへい作『初級革命講座飛龍伝』だった。一九八〇年の二月か三月だったと思う。場所は高田馬場の東芸劇場。マンションの一室を改造したような小さな劇場だった。頭をハンマーで殴られたような衝撃を受けた。当時法学部にいた私が、のちに演劇研究を志すことになるのはこの舞台のおかげである。

主役をつとめた平田満さんに二〇数年後に会った。「平田さんのおかげで私は演劇研究をするようになったんです」というと、平田さんは「あ、そうですか」と、まるで関心がなさそうだった。この人は前しか向いていないのだと思った。ものを創る人は前しか向いていない。

第四章　愛

演劇の「愛」は疾走する

アイなどという言葉はシラフで口にすべきものではない。

評論家・佐《さ》高《たか》信《まこと》の『タレント文化人100人斬り』という本を読んでいたら、こんな言葉に出合った。マスコミに登場する文化人たちを散々にこきおろした痛快な本である。

要するに真顔で「愛」を語るのは、小っ恥ずかしいことなのだ。

「愛は勝つ」などと臆面もなく歌うようになったのは、あの呪われたバブル末期だった。そこから「失われた一〇年」が始まる。プロの作詞家は用済みとなり、何の技巧もなく無邪気に「愛」を口にする歌が幅をきかせる。この間「失われた一〇年」は「二〇年」「三〇年」と数字を増やしてとどまるところがない。社会の閉塞感と「愛」をシラフで口にできる神経は、どこかで繋がっているに違いない。

改めて口に出すまでもなく、「愛」は絶対原理である。それだけ奥の深い概念なのだ。だから、これものを扱うように接しなければならない。軽々に論じるべきではない。しかし演劇や文学にとって避けては通れないテーマでもある。真正面から論じては品性を疑われるので、ここは風呂敷をひろげずに範囲を限定して論じることにする。

対象を古今東西の演劇に表れる男女の愛に絞りたい。

演劇の「愛」は疾走する。ぱっと花開いてぱっと散る。そのスピード感が、愛のドラマを成立させている。逆に愛のドラマは、スピード感を求める。この相互関係について述べようと思うのである。

だがその前に、言葉の定義について触れておこう。

「愛」を『日本国語大辞典』(小学館)で引くと、次の八通りの定義が示されている。

(1) 親子、兄弟などが互いにかわいがり、いつくしみあう心。いつくしみ。いとおしみ。

(2) 仏語。

(イ) 十二因縁の一つ。ものを貪り執着すること。欲愛(性欲)・有愛(生存欲)・非有愛(生存を否定する欲)の三愛その他がある。

(ロ) 浄・不浄の二種の愛。法愛と欲愛、善愛と不善愛などをいう。

(3) 子供などをかわいがること。愛撫すること。幼児をあやすこと。

(4) (品物などに)ほれこんで大切に思うこと。秘蔵して愛玩すること。

(5) 顔だちや態度などがかわいらしくて人をひきつけること。あいきょう。

(6) 人との応対が柔らかいさま。あいそ。

(7) キリスト教で、神が人類のすべてを無限にいつくしむこと。また、神の持っているような私情を離れた無限の慈悲。

（8）男女が互いにいとしいと思うこと。異性を慕わしく思うこと。恋愛。ラブ。また一般に、相手の人格を認識し理解して、いつくしみ慕う感情をいう。

通常、辞書は用例の古い順に配列されている。（1）の用例なら『万葉集』にある。しかし本章で述べようとする男女の「愛」（8）は明治以降に生まれた最も新しい定義なのだ。

では「愛」と隣接する「恋」はどうだろうか。

「恋」の語もすでに『万葉集』に見られる。ただし「恋」は「乞い」につながるから、目の前にない人やものを求める感情、一人でいる寂しさ悲しさを表す感情が本来の意味だった。相思相愛の男女が仲むつまじくしている状態はもはや「恋」ではない。「初恋」の「恋」はこちらから相手を思う感情だし、「恋人」も古くは恋しく思っている相手のことを指す。一方通行の言葉なのだ。

後でとりあげる近松門左衛門作『曾根崎心中』（一七〇三元禄一六年）は「恋の手本となりにけり」という言葉で締めくくられている。ここでは心中をした男女の「恋」が現在の「愛」に近い意味で用いられている。江戸時代の「愛」には男女のラヴの意味はほとんどないから、「恋」は「愛」の指し示す領域をカバーしていたとも言える。

「恋の手本」などと、近松もよく書いたものだ。

一九一一明治四四年五月、岡本綺堂《きどう》作の歌舞伎『修禅寺《しゆぜんじ》物語』が東京・明治座で初演されたとき、「恋を失いし頼家《よりいえ》は、ここに新しき恋を得て、心の痛みもようやく癒えた」というセリフが観客の失笑を買う。「恋」は、口にするのはおろか聞くのも恥ずかしくなる言葉だった。ただしその「恋」も

一、二年後にはすっかり定着してしまうのだが。
「恋」と「愛」と合体させた「恋愛」という言葉の用例となると、中村正直《まさなお》訳『西国立志編』（一八七〇―七一年）や北村透谷《とうこく》『厭世詩家と女性』（一八九二年）あたりが上限だろう。明治以降に成立し、翻訳語あるいは造語として使用され始めた実態のない言葉だったのである。

つまり、これから論じようとする「愛」あるいは「恋」「恋愛」という概念は、少なくとも日本においては、つい最近使われ始めた言葉なのだ。日本語に深く根を下ろしていない概念を、日本語によって論じるのは腰が引ける。しかし、あまり言葉の定義の問題にこだわりすぎると、却って対象を見失う恐れがある。そこで本章ではゆるやかにあいまいに、これらの言葉を使用することをことわっておく。

ただしここでは、本章全般に通じる命題だけは立てておこう。

「演劇の『愛』は疾走する」

疾走する近松（一）『曾根崎心中』の場合

まずはわが国最大の劇作家・近松門左衛門（一六五三―一七二四年）の作品について考えていこう。

一七〇三年に大坂・竹本座で初演された人形浄瑠璃『曾根崎心中』は、近松最初の世話物《せわもの》である。大ヒットして、赤字続きの劇場経営は黒字に転じた。

武家社会の出来事を扱う「時代物」に対し、町人社会の出来事を描いた「世話物」は、多くを実際に起こった事件に取材している。時代物のように壮大な時代背景を持たない分、上演時間も短い。時代物の五分の一程度の分量と考えてよい。第一章で述べたように、歌舞伎や人形浄瑠璃の時代物を省略せずに上演すると一〇―一二時間を要する。世話物の上演時間は約五分の一の二時間前後と考えてよい。発端から結末までの筋の足どりもスピード感に満ちている。そして近松は、このスピード感をあきらかに意識していた。

『曾根崎心中』は上・中・下の三つの場面からなっているが、まずはその最初の場面「生玉《いくだま》の場」の梗概をあらあら記そう。

A（四月六日午後）　大坂の醬油屋・平野屋の手代・徳兵衛は、生玉神社で堂島新地の遊女・お初と偶然出会う。二人はかねてから深い仲であるが、徳兵衛が長らく音信不通であったのでお初が恨みを言うと、徳兵衛は以下のような事情を語り出す。

B（一年以上前―一ヶ月前）　徳兵衛の主人であり叔父でもある平野屋主人は、徳兵衛と妻の姪とを結婚させ、独立させてやろうと考えている。徳兵衛とお初の仲を知っていながらのことであった。この縁談を徳兵衛本人が知ったときには、すでに平野屋から徳兵衛の実家に縁談の持参金として二貫目の銀《かね》（現在の四、五百万円程度か）が支払われていた。徳兵衛は、お初という人があるのでこの縁談を断る。怒った平野屋主人は、徳兵衛を店から追い出すと言い、また実家に支払った二貫目を四月七日までに返せと迫った。徳兵衛は実家に行き、継母に持参金の返還を頼むが、継母は銀を返す気がない。しかたなく普段取引をしている京都五条の醬油問屋に金の工面を頼むが、これもうまくいかず、再び継母のもとに行き、村中の説得でやっと金を取り戻した。

C（四月六日午後　Aの続き）　徳兵衛は、平野屋を追い出されたら大坂で商売を続けて行くことはできず、そうなるとお初に逢うこともできなくなる。悲嘆に暮れる徳兵衛に対し、あなたのことは私が何とかするから、早く二貫目を主人に返しなさいとお初は言う。今日は四月六日、期限の四月七日は明日に迫っているのだった。ところが、二貫目はいま手もとにはない。それは次のような事情によるのだった。

D（数日前）　徳兵衛は二貫目を継母から取り戻したあと、友人の油屋九平次から三月いっぱいでどうしても必要だからと頼まれ、その銀をそっくり貸したのである。三月二八日のことであった。九平次は、四月三日の朝には銀を返すと約束したのに、四日になっても何も言ってこない。昨日五日に訪ねたが、留守で会うことができなかった。今日はこちらの商いの精算があって会うひまがなかったのだ。

E（四月六日午後　Cの続き）　そこへちょうど九平次がやって来る。徳兵衛は、貸した銀の返却を求める。ところが、九平次はそんな銀は借りた覚えがないと言い張る。徳兵衛が借用書を見せると、九平次は「その借用書に捺してある判は、三月二五日に紛失した判だ。紛失したので町役に断って新しい判に変えた。二五日に紛失した判を二八日に捺せるはずがない」と言う。借用書の文言はすべて徳兵衛が書いているので、九平次の言い分が通るならば徳兵衛が九平次の紛失した判を無断で使用し、文書を偽造したことになってしまう。その罪は重い。徳兵衛は九平次にだまされたことに憤り、喧嘩をしかけるが、相手は数名、逆に完膚無きまでにたたかれる。お初は田舎の客に連れられて来ており、関わり合いを避けて駕籠に入れられて戻っていく。ひとり残された徳兵衛は、身の潔白を誓い、生玉神社をあとにする。

以上が上巻「生玉の場」の梗概である。中巻の「天満屋の場」は、その日の夜徳兵衛がお初に会いに来て、互いに心中を決心してひそかに天満屋を立ち退くまでを描く。そして下巻の「心中の場」で、二人は曾根崎の森で心中をする。

劇が始まった時点が四月六日午後、心中が四月七日未明だから、劇の筋の時間（劇中どれだけ時間が進むかということ）は一昼夜以内ということになる。お初・徳兵衛の愛は死にむかって疾走するのである。

ここで「ストーリー（物語）」と「プロット（筋）」という言葉を思い出したい。すでに第一章で説明した通り、ストーリーは、出来事を時間軸の上に単純に置いたものであり、プロットはストーリーから必要なものを選択し、因果関係にしたがって並べ替えたものである。

ここで『曾根崎心中』の徳兵衛関係のストーリーを考え得る限り列挙してみよう。

① 一六七九年、徳兵衛は農村に生まれる。
② 徳兵衛は子供の頃、叔父（徳兵衛の父の弟）の営む大坂の醬油屋・平野屋に丁稚奉公する。
③ 徳兵衛の実母が亡くなり、父は後妻（徳兵衛にとっては継母）をとる。
④ 父が亡くなり、徳兵衛の親権は継母に移る。（②―④の前後関係は正確にはわからない）

⑤　徳兵衛は成長し、手代となる。今で言う正社員になったわけである。
⑥　徳兵衛は堂島新地の遊女・お初と知り合い、やがて深い仲になる。
⑦　一七〇二年、平野屋主人は妻の姪と徳兵衛との縁談を持ちかけるが、徳兵衛は取り合わなかった。
⑧　その後、徳兵衛の継母が持参金二貫目の銀を受け取る。
⑨　一七〇三年三月、徳兵衛は縁談が進んでいることを知り、主人夫婦に断りを入れる。主人は立腹し、四月七日までに二貫目を返せと言う。
⑩　徳兵衛は実家へ行き、継母に二貫目を返してくれと頼むが聞き入れられない。
⑪　徳兵衛は京都五条の醤油問屋に銀の工面を頼むが、折悪く貸してくれる銀がない。
⑫　徳兵衛は再び実家へ行き、村中の説得でようやく継母から二貫目を取り返す。
⑬　三月二八日、徳兵衛は友人・油屋九平次に二貫目の借金を頼まれる。徳兵衛は求められるまま借用書を書き、九平次に判を捺してもらう。
⑭　四月三日が九平次から二貫目を返済してもらう期限だったが、四日になっても九平次から便りがない。
⑮　四月五日、徳兵衛は九平次を訪れるが、留守であった。
⑯　四月六日、徳兵衛は商売の途中に生玉神社でお初に出会い、この一、二ヶ月の出来事を語る。
⑰　九平次が生玉に来る。徳兵衛は借金返済をせまるが、九平次は銀を借りた覚えがないと言い、

逆に徳兵衛が文書偽造の罪を負わされる。

⑱　四月六日の夜、徳兵衛はお初のいる天満屋に行き、お初と心中する決意をする。二人はひそかに天満屋を抜け出す。

⑲　四月七日未明、徳兵衛とお初は曾根崎の森で心中する。

近松が徳兵衛の一代記を書くつもりなら、①から⑲までを丹念に追っただろう。また、お初・徳兵衛の心中に絞る場合も、二人が知り合う⑥から始めるという選択肢もあったはずだ。浄瑠璃は演劇であるから、舞台装置の転換の都合上、場面をある程度絞ることは必要である。しかし、劇が始まってから終わるまでを一日の出来事として描かねばならない必然性はどこにもない。にもかかわらず近松は『曾根崎心中』において一昼夜のうちに破滅する男女を書いた。つまりストーリーのうち⑯―⑲の部分だけをプロットとして抽出し、それ以前のストーリーは登場人物のセリフとして処理したのだ。BとDがそのセリフの部分であり、Bには⑦―⑫、Dには⑬―⑮のストーリーが埋め込まれている。

観客は、幕が開いてすぐ、徳兵衛とお初がすでに恋愛関係にあるのを知り、かつここ一、二ヶ月の間に徳兵衛に降りかかった複雑な事情を知る。そして九平次の登場によって一気に破滅に向かう徳兵衛の姿を見る。心中の条件がわずか数十分（観客の時間においても筋の時間においても）のうちに出揃ってしまうのである。

徳兵衛は生玉神社でお初に偶然出会った。さらにそこに九平次がやって来たのも偶然の出来事である。特に二番目の偶然がなければ、心中は翌日には行われなかった。

ドラマにはいくつもの偶然がさりげなく準備されているものだ。その偶然が、いかにも必然のような顔をして現れるとき、ドラマは観客の肚《はら》におさまる。そして偶然がスピード感を生み、またスピード感が偶然を必然に変える。

ここで想起されるのはギリシャ悲劇の傑作『オイディプス王』だ。第一章でも紹介したこの劇では、一日のうちに様々な人物が偶然に登場し、主人公・オイディプスの運命を急転させてしまう。別々の日に来てもおかしくない人物たちを一日にまとめて登場させてしまうあたり、『曾根崎心中』顔負けの強引さだ。しかしここで問題にしたいのは偶然か必然かの問題ではない。『オイディプス王』は紀元前四二七年頃、『曾根崎心中』は一七〇三年。時代も国も隔たった二つの劇が、これほど類似の構造をとるという事実に、人間のドラマに対する考え方の普遍性を見たいのである。そしてこの普遍性だけは偶然ではなく必然だと。

なおこのような戯曲構造をもつ演劇を「古典主義的演劇」といい、逆に筋の時間が物語の時間にそって緩慢に流れる戯曲を「バロック的演劇」と呼ぶ。これについても第一章で述べたので詳しい説明は省く。

ともあれ、近松は『曾根崎心中』で疾走する愛を書いた。ではこの技法が、近松の中でどのように継承され醸成されていくかを次節で考察することにする。

疾走する近松（二）近松の心中物

近松門左衛門は生涯に一〇〇以上の浄瑠璃を書いた。その数が確定しないのは、近松作と明記されていない本が多数存在するからだ。勉誠社の『正本近松全集』（一九七七―九六年刊）が一四五作品を収録するのに対して、岩波書店の『近松全集』（一九八五―九四年刊）の収録するのは一一二作品と比較的少ない。どこまでを近松作と推定するかによって、数え方に揺れが生じるのである。いずれにせよ、近松が一〇〇を超える浄瑠璃を書いたことは間違いないのだが、このうち「世話物」と呼ばれる作品は二四作品とされている。残りは「時代物」ということができるが、世話物と時代物の中間的作品と思われるものも数点存在する。

時代物は、歴史上の事柄（あるいはそう思われている事柄）を題材とするので、全体の筋の時間は当然長くなる。登場人物も多く、複数の筋が縦横に走る。男女の愛は主筋になるだけのスケールを持たない。

町人社会の事件を扱う世話物は、時代物ほど複雑な構造を持っていない。そしてその中心的な題材は「男女の愛」と「金」である。「金」については第七章で改めて述べる。

ここでは近松の世話物二四作について見ていくが、さらにこれを題材別に下記のように分類しておこう。

1　心中物　一一作
2　姦通物　三作

3　処罰物　五作
4　仮構物　五作

近松世話物二四作を、上演年度順に一覧表にした。右から順に通し番号・作品名・初演年・筋の時間・分類を記す。通し番号のうち、マル数字が心中物である。

ここで注目したいのは筋の時間である。一覧表では大まかな筋の時間を記したが、時間が不明な四作品（9、16、19、21）については場所の移動を記している。いずれもかなり長い距離を人物が移動しているので、相応の筋の時間が費やされることがわかる。なお世話物は上・中・下の三巻構成をとる。一覧表中、㊤㊥㊦と表記しているのはその各巻を示している。

最初の世話物であり、心中物に分類される『曾根崎心中』が、発端から結末（心中）に至るまでを一昼夜の出来事に凝縮して書いたことは、すでに述べた。

心中物一一作品全体を見渡してみよう。⑦『卯月の潤色《いろあげ》』、㉒『心中天の網島』、㉔『心中宵庚申』を除く八作品は、筋の時間が極めて短い。八作品中、③『心中二枚絵草紙』と⑱『生玉心中』の上巻は、本筋と関係の薄い事柄も描いているので、本筋に限るとやはり短時間に凝縮されているとみてよい。

⑦『卯月の潤色』は④『卯月紅葉』の続編である。『紅葉』で心中しそこねて生き残ってしまった男を『潤色』で後追い心中させたので、男女の愛が疾走するドラマにはなり得ない。便宜上心中物に分類されてはいるが、規格が違う。

	作品名	初演年	筋の時間	分類
①	曾根崎心中	一七〇三（元禄一六）	一昼夜	心中物
2	薩摩歌	一七〇四（宝永元）	七―九ヶ月	仮構物
③	心中二枚絵草紙	一七〇六（宝永三）	㊥㊦一昼夜	心中物
④	卯月紅葉	一七〇六（宝永三）	㊥㊦一昼夜（全体は三日間）	心中物
5	堀川波鼓	一七〇七（宝永四）	四ヶ月以上	姦通物
6	五十年忌歌念仏	一七〇七（宝永四）	一ヶ月以上	処罰物
⑦	卯月の潤色	一七〇七（宝永四）	一年	心中物
⑧	心中重井筒	一七〇七（宝永四）	一昼夜	心中物
9	丹波与作待夜のこむろぶし	一七〇七（宝永四）	丹波→関の宿	仮構物
10	淀鯉出世滝徳	一七〇八（宝永五）	三年	処罰物
⑪	心中刃は氷の朔日	一七〇九（宝永六）	㊥㊦一昼夜（全体は四日間）	心中物
⑫	心中万年草	一七一〇（宝永七）	一昼夜	心中物
⑬	今宮の心中	一七一一（正徳元）	㊥㊦一昼夜（全体は二、三日）	心中物
14	冥途の飛脚	一七一一（正徳元）	㊤㊥一日、㊦約二〇日	処罰物
15	夕霧阿波鳴渡	一七一二（正徳二）	七日前後か	仮構物
16	長町女腹切	一七一二（正徳二）	京三ヶ所→大坂	仮構物
17	大経師昔暦	一七一五（正徳五）	約二ヶ月	姦通物
⑱	生玉心中	一七一五（正徳五）	㊥㊦一昼夜（全体は五日間）	心中物
19	鑓の権三重帷子	一七一七（享保二）	因幡→但馬→大坂→京	姦通物
20	山崎与次兵衛寿の門松	一七一八（享保三）	約八ヶ月	仮構物
21	博多小女郎波枕	一七一八（享保三）	下関沖→博多→京→追分宿	処罰物
㉒	心中天の網島	一七二〇（享保五）	㊥㊦一昼夜（全体は一〇日前後）	心中物
23	女殺油地獄	一七二一（享保六）	五〇日以上	処罰物
㉔	心中宵庚申	一七二二（享保七）	一ヶ月以上	心中物

㉒『心中天の網島』は、妻子ある男と遊女の心中を、男の妻をはじめとする周囲の人物が止めようとするドラマである（結果的には心中が行われてしまうが）。

㉔『心中宵庚申』は夫婦の心中である。心中は、この世で添い遂げられない男女が、あの世で添うために死ぬのが本来だから、夫婦関係が成立している男女の心中は極めて異例だろう。『天の網島』『宵庚申』の二作は、心中に向かって疾走するのではなく、運命にあらがい、もがく人々のドラマにまで高められている。近松晩年の新境地だ。

これら三作を例外とすると、近松の心中物はすべて一昼夜から長くて三日間の出来事を描いている。そのスピード感は姦通物・処罰物・仮構物と比較すれば一目瞭然だろう。

では、なぜ近松は心中物に限って、短い筋の時間の中に出来事を凝縮して見せたのだろうか。また、なぜ類似の手法をくり返し用いたのだろうか。

その理由のひとつとして、題材の問題が挙げられる。

たとえば14の『冥途の飛脚』は、上・中の二場面に限れば筋の時間が一昼夜と非常に短い。中巻の最後で、公金を横領して死罪を免れなくなった男と愛人の遊女は、退っ引きならない状態になる。ここまでは心中物同様、一気に進む。当然二人には死の覚悟があった。だが「生きらるるだけこの世で添おう」と決意し、男の実家までの逃避行を敢行するのだ。下巻の逃避行に費やした日数は二〇日、これが作品全体の筋の時間を引き延ばした。『冥途の飛脚』は実際に起きた事件を題材にしているといわれているから、結末は変えようがない。三分の二までを心中物と類似の手法で描きながら、筋の時間が題材の制約を受けたのである。

しかし題材の問題をよりどころとするなら、実際の事件に拠らない仮構物の筋の時間が長いことを説明することができない。近松が心中物に限って類似の戯曲構造を採った理由が他にあるはずだ。

結論から先に言えば、近松は、心中物に限って『曾根崎心中』で試みた構造を守るというルールを自らに課しながら、『曾根崎心中』に内在する戯曲技巧上の問題点を次作、また次作と克服していったのである。

第二章で、私は次のように書いた。

近松門左衛門（一六五三—一七二四年）が心中を題材にした浄瑠璃に限って判で捺したように同じ構造の作品を書き続けたのは、自分に課したルールの中でどこまで先に進めるかという挑戦であったにちがいない。

実際、続く作品において、近松は『曾根崎心中』で用いた構造に拠りつつ、作風を少しずつ変えていく。出発点が『曾根崎心中』でなければ、近松は別のルールを用いたかもしれない。しかしゲームは否応なく始まっている。

『曾根崎心中』は近松の作品の中では最も名の知れたもののひとつだが、その完成度はけっして高くはない。劇中に起きる出来事と出来事の整合性、人物や道具を動かす技術、人間の内面への洞察などの点から、『曾根崎心中』より優れた作品はいくらもある。

しかし『曾根崎心中』が荒削りなだけに、男女の愛の疾走感と透明感はなおさら観る者の心を打つ。

疾走するシェイクスピア

坪内逍遙（一八五九―一九三五年）は近松門左衛門を「日本のシェイクスピア」と称した。たしかに人間存在に対する深い洞察と、天才的な言語感覚に関してこの二人は並び立つようだ。近松をとりあげた以上、「本家」のウィリアム・シェイクスピア（一五六四―一六一六年）に言及しないわけにはいかない。

先に私は『曾根崎心中』の完成度の低さを指摘しつつ、一方でその疾走感と透明感を評価した。第一章でも取り扱った『ロミオとジュリエット』は、シェイクスピア作品の中で近松の『曾根崎心中』のような位置づけを持つ作品ではなかろうか。

『ロミオとジュリエット』は五幕構成で全二四場からなる。場面も時間も転々とするから、『曾根崎心中』とは対照的に戯曲構造そのものはバロック的だ。しかし、筋の時間は日曜から金曜まで連続しており、日曜に出会ったロミオとジュリエットは金曜には死んでしまう。近松の心中物では、劇が始まった時点で男女の関係はすでに成立している設定だから、あとは急速に破滅に向かうのみだ。一方、シェイクスピアは二人が出会う前の時点から筆を起こした。二人の死についても、キリスト教世界では自殺は禁じられているから、理由がどうであれ軽々に心中などということはありえない。相次ぐ死をとげるまでには少々段取りがいる。こうした条件を考えにいれると、日曜から金曜までの六日間は異常なスピードと言わざるを得ない。

ただしここで問題としたいのは、『ロミオとジュリエット』の戯曲構造や筋の時間のことではない。

作品に疾走感をあたえるために舞台をどのように使ったかということに着目したいのである。
具体的には第三幕第五場について述べる。だがその前にこの場面にいたる筋を簡単に説明しておこう。

日曜の夜、モンタギュー家のロミオは敵対するキャピュレット家の舞踏会に潜入する。ロミオが舞踏会に来たのは、片想いのロザラインという女性に会うためだったが、そこでキャピュレット家のジュリエットに一目惚れをする。ジュリエットもまたロミオに強く惹かれる。しかし二人は敵対する両家の娘と息子だった。

舞踏会のあと、二人はジュリエットの部屋のバルコニーで愛を誓う。

月曜の早朝、ロミオはロレンス神父を訪れ、早速ジュリエットとの結婚の仲立ちを頼む。そして二人はその日の午後に結婚式を挙げる。

その直後、ロミオはキャピュレットとモンタギューの喧嘩に巻きこまれ、ジュリエットの従兄弟・ティボルトを殺してしまう。ロミオには追放の処分が言い渡される。

同じ月曜の午後、キャピュレット家ではジュリエットとパリス伯爵との縁談が進んでいた。結婚式は三日後の木曜と決まった。

月曜の夜、ジュリエットの部屋でロミオとジュリエットは新婚初夜を迎える。

そしてその明くる日、火曜の早朝がいま問題にする第三幕第五場だ。

追放と決まったロミオは、再会を期してジュリエットと別れる。秘密の結婚だから、家の者に見つからないように二階のバルコニーから去るのだ。この別れの場面を、いま仮に「第三幕第五場第一齣《こま》」としておこう。

ロミオと別れてひとり部屋に残ったジュリエットを、母のキャピュレット夫人が呼ぶ。ジュリエットは母を部屋に入れる。キャピュレット夫人はパリスとの結婚式の予定を話す。さらに父のキャピュレットが乳母とともに入ってくる。ジュリエットが結婚を拒否するので、キャピュレットはジュリエットを口汚く罵る。この場面を「第三幕第五場第二齣」と呼ぼう。

第一齣で、ロミオは二階のバルコニーから下に降りる。シェイクスピア時代の劇場は、舞台背後の建物が二階建てになっており、上演においてはその二階をバルコニーとして利用した。ロミオは一階のメイン舞台に降り、ジュリエットが二階からそれを見送るという図だ。

このあとジュリエットは自分の部屋の中に入る。つまりバルコニーから二階の奥に姿を消すのだ。このジュリエットの動きは、ゆきとどいた注釈とテキスト解釈で定評のあるArden版*Romio and Juliet*では次のようなト書きになっている。

She goeth down from the window.

仮に松岡和子訳にしたがうなら「窓辺から離れる」のである。

実はこのト書きはシェイクスピア諸本のうち、海賊版の第一四折本（First Quarto）にしかない。シェイクスピアがこうしたジュリエットの動きを指定したとは断言できないのだ。しかし続く第二齣はジュリエットの部屋での出来事であるから、ジュリエットがバルコニーから部屋の内部へと消える動きが必要となる。第二齣にはジュリエット、キャピュレット夫妻、乳母の四人が登場するから、ジュリエットが狭いバルコニーに居残り、そこに四人がひしめくという演出は現実的ではない。また四人が二階でやり取りを続けるなら、その間一階のメイン舞台はからっぽの状態になるのだ。すると第二齣はどこで演じられたのかということが問題となる。

Arden版の演出注はこの問題を次のように解決している。

> Juliet withdraws at the upper level and descends unseen, reappearing on the stage to answer her mother's repeated call. The ensuing action is obviously too important and powerful to perform at the upper level; the transition simply makes the main stage now Juliet's bedroom seen from the inside.

意訳すると次のようになるだろうか。

> ジュリエットは二階から後方に姿を消し、母親の二度目の呼びかけに応じるべく一階の舞台に再び登場する。このあと行われるのは、後の展開にとって非常に重要な場面であるから、二階で上演するわけにはいかない。ジュリエットの部屋の中でのやりとりを見せるために、当然二階から一階のメイン舞台へと上演の場が移ることになる。

"She goeth down from the window." のト書きを採用するRiverside版の演出注も拙訳とあわせて引用しておこう。

> Apparently she goes out above and re-enters below, the main stage ceasing to be the garden

into which Romeo has descended and becoming a room in the house.

ジュリエットが二階から退場し、一階に再登場したことは一目瞭然である。このとき、さきほどロミオが二階から庭に降り立つために使われていたメイン舞台は、屋敷の一室にかわるのである。ただし "a room in the house"（屋敷の一室）がジュリエットの部屋かどうかは明記されていない。

ちなみにシェイクスピアのほぼ全作品を翻訳した坪内逍遙訳や小田島雄志訳は、"She goeth down from the window." のト書きすら採用していない。松岡訳は「窓辺から離れる」とのみ訳しているが、第二齣がどこで演じられたかについては言及していない。最新の河合祥一郎訳のみが、「ジュリエットは窓辺から部屋の中へ入る」のト書き、母親（夫人）の二度目の呼びかけ「どうしたの、ジュリエット」のあと、「ジュリエット、下の舞台に登場」というト書きを付け加えている。

シェイクスピア時代の劇場は二階建てになっており、一階の舞台は三方を観客に囲まれた裸舞台だった。裸舞台だから、逆に観客のイメージを喚起することができればいかなる場面でも表すことができる。第一章で述べた通りだ。

C・ウオルター・ホッジズは『絵で見るシェイクスピアの舞台』において、第一齣から第二齣への移りを次のように説明している。

二階舞台の窓辺にいるジュリエットが母の到来を告げられる時点での〔第一四折本の〕ト書きを見てみると、このようになっている――「彼女は窓から降りてゆく」。これは、ジュリエットが楽屋内の階段を使って下へ降りるということであり、そのあいだに母と乳母が下の舞台に登場し、姿の見えぬジュリエットを呼ぶという展開になる。そしてジュリエットが下の舞台に出てきて、場面はまるで、そこがそのまま二階の部屋であるかのように続いてゆく。寝室はまさに「ワープ」したのである。

ホッジズは、ジュリエットの部屋が二階奥から瞬時に一階舞台に移るような舞台の使い方を「ワープ効果」と名付けた。本書の訳者である河合祥一郎の訳注によると、『ロミオとジュリエット』に関してこのような考え方を最初に示したのはハーレー・グランヴィル＝バーカー（一八七七—一九四六年）だという。

シェイクスピアが「ワープ効果」を用いた例は他にも指摘されるが、『ロミオとジュリエット』の第三幕第五場ほど、二階から一階へのワープを鮮やかに行った例はない。映画ならフィルムを繋ぎ合わせるだけで済むことを、シェイクスピアは四〇〇年前に舞台で見せていたということになる。

シェイクスピア作品は、部分的に執筆分担したものも含めると四〇を数える。その中で『ロミオとジュリエット』ほどシンプルな素材をスピーディに料理した作品は他になかろう。猥雑で過剰なセリフによって味付けされてはいても。

疾走するイプセン

近現代に目を向けてみよう。

戯曲を書くテクニックに秀でた劇作家を近現代から選ぶとすれば、まずヘンリック・イプセン（一八二八―一九〇六年)、次にベルトルト・ブレヒト(一八九八―一九五六年)の名前が挙がるのではないだろうか。

生きた時代も作風もまったく異なる二人だから、当然そのテクニックも異質だ。しかし、それぞれのテクニックの中に疾走する愛を見いだすことはできる。

まずはイプセンから始めよう。「近代劇の父」と呼ばれるイプセンが、一八七九年に書いた『人形の家』は、近代劇(あるいは「現代劇」と言ってもよい)の幕明けを告げる作品として位置づけられる。散文(話し言葉)のセリフによって人物関係を表現し、少ない登場人物を巧みに動かしながら、緊密な戯曲構造と奥深い人物描写によって市民共通の問題を提示する――『人形の家』以降の一連の作品をざっと説明するならこういうことになろうか。

『人形の家』は三幕の劇だ。場面は全三幕を通して弁護士・ヘルメルの居間。第一幕はクリスマスイブに始まり、第二幕はクリスマス、そして第三幕はその明くる日と、三日間の出来事を描く。その梗概を記す。

ヘルメルとその妻ノーラは結婚して八年、三人の子どもをもうけた。ヘルメルはノーラを「ヒバリさん」「リスさん」などと呼び、一方で「金くい鳥」とからかう。溺愛するというより愛玩に近い態度だ。ノーラもそれに合わせるように、なにかとヘルメルに金をねだる。そんな場面からこの劇はスタートする。一見どこかの家庭に見られそうな善良で脳天気な夫婦の風景だ。しかし一家はつい最近まで裕福ではなく、ノーラの内職と倹約によって家計は支えられていた。しかもこのことをノーラは夫には知らせず、「ヒバリ」や「リス」を演じ続けてきた。夫は働き者で、近く銀行の頭取になることが決まっている。夫婦は本当の意味で晴れ晴れとしたクリスマスを迎えようとしている。

ところがノーラには秘密の過去があった。ヘルメルが大病をしたとき、ニセの借用書を書いて治療費を工面したのだ。借りた相手はヘルメルが忌み嫌うクログスタという男だった。クログスタはヘルメルによって銀行を追われる身となり、これを避けるためにノーラに口添えを頼んできた。クログスタは借用書偽造の件を見抜いており、恐喝まがいの懇願だった。

ノーラは過去を夫に告白できないまま、悶々としたクリスマスを過ごす。死をも決意しながら。一方、解雇通知を受け取ったクログスタは、ヘルメルにノーラの過去をあばく手紙を送ってしまう。手紙を読んだヘルメルは、ノーラをののしる。しかし、ノーラの旧友リンデ夫人がクログスタの初恋の相手であり、ふたりが和解したため、借用書はヘルメルのもとに戻ってくる。

ヘルメルは手のひらを返したごとくノーラを赦す。しかしこの豹変ぶりが、少し前からくすぶり始めていたノーラの心をある確信に導く。自分は男の「人形」であったのだという確信に。ノーラは一個の人間として生きるために、ひとり家を出て行く。

幕開きでは夫の愛情を受けてしあわせの絶頂にあったノーラが、幕切れではそれをいつわりの愛情と悟り、自立してゆく。筋の時間はクリスマスをはさんだたった三日間だが、この間に過去の事柄が氷のように溶解し、登場人物の立場のみならず深層心理にまで揺さぶりをかける。古典主義的演劇のお手本のような作品ではないか。

ここまで書けば、すでにイプセンの「疾走」ぶりはある程度ご理解いただけたかと思う。が、いま少し紙数を費やしてイプセンのテクニックについて触れておきたい。

『人形の家』は話し言葉の劇だ。シェイクスピアのように独白（独りゼリフ）によって心情を表現することもないし、浄瑠璃のようにナレーターがいるわけでもない。登場人物の名前すら、他の人物から呼ばれなければわからない仕組みになっている。

日常会話では、自明の事柄は口にしないものだ。したがってあまりに近しい人物同士のセリフは状況を観客に知らせるには向いていない。そこでイプセンは、第一幕からノーラの旧友リンデ夫人を登場させる。久々の再会だから、ノーラの口は自然と開く。家計を支えてきたこと、クログスタに借金をしてきたことなど、ノーラの過去はほとんどリンデ夫人に対して語られるのだ。しかもイプセンの非凡さは、リンデ夫人をこうした聞き役にのみ使うのではなく、次にはクログスタに働きかけて借用書を返還させるという、ドラマを主体的に動かす役割を負わせた点にある。

緊密な構造を持つ作品には、このような一人二役が生まれるものだ。

たとえば『オイディプス王』で、コリントス王の死を告げに来た伝令が、同時にオイディプスの出生の秘密を知る羊飼いであったように。伝令が羊飼いであったことも、リンデ夫人がクログスタと初恋同士であったことも、例の「偶然」である。しかしその偶然が、疾走するドラマの中で必然に変わることはすでに述べた通りだ。

もうひとつ、別の観点からイプセンのテクニックの一端を紹介しよう。

第二幕には、ノーラが「タランテラの踊り」を稽古する場面がある。これは階上のステンボルグ領事のパーティーで踊ることを予定しているもので、夫のヘルメルにとっても晴れの舞台だ。音楽性に乏しいセリフ劇の中で、踊りはひとつのアクセントとなっているのだが、この踊りは観客に対するエンターテインメントに終始してはいない。借用書偽造の秘密をクログスタににぎられたノーラは、死をも覚悟している。絶望と希望の入り交じった感情に支配されたノーラの踊りは、ピアノを弾くヘルメルの調子を外れて激しさを増す。美しい妻の姿を悦に入って眺めるはずだったヘルメルの期待を裏切るかのように。ヘルメルはピアノを弾くのを止め、医者ランクがピアノに向かう。ランクはノーラに密かに想いを寄せているが、一方で自分の死期が迫っていることを承知していた。ともにジレンマを抱えた弾き手と踊り手の心理が、激しさを増す踊りの調子とシンクロする場面だ。踊りはヘルメルによって中断されるが、その激しさの余韻は、ノーラとランクの中でそれぞれの静かな確信へと変化してゆく。

一九一一年、日本で最初に本作を試演した文芸協会の演出家・島村抱月は、第二幕をカットして上演した。タランテラの踊りというのがよくわからないというのが理由のひとつだが、本作の眼目は第三幕だから、第二幕は上演するに及ばないということだったらしい。作品に対する履き違えと言わざるを得ない。

イプセンのテクニックについては、いくら語っても語り足りない。イプセンの骨法を学べば、二時間程度のテレビドラマはすぐ書けるのではないかと思われるほどである。

『人形の家』第三幕より、過去の出来事を短時間に凝縮して見せる、象徴的なセリフを挙げてこの節を閉じたい。

ノーラ　わたしたち、八年間夫婦だった。気がつかない？　これがわたしたち二人、あなたとわたし、夫と妻が真面目に話をする最初よ。

（毛利三彌訳『人形の家』）

疾走するブレヒト

ベルトルト・ブレヒトは、一八九八年ドイツに生まれた。第一次大戦復員の後、劇作家としてスタートし、一九二八年の『三文オペラ』の成功によって劇作家としての名声を得た。すでに共産主義の洗礼を受けていたブレヒトは、一貫して労働者の階級闘争の手段としての劇を書き続ける。それは音楽的であり、ときに教訓的であり、叙事的（理性に訴えるという意味において）でもある。

イプセンのように、劇の内なる幻想世界に観客を引き込むのとは対照的に、ブレヒトは劇の世界を観客に向けて開放し、観客の客観的批判にさらした。劇世界に感傷的に浸り「同化」するのではなく、理性的なまなざしで劇世界に描かれる社会の矛盾を認識し、実人生の活動へと向かうことを俳優にも観客にも求めたのだ。これを「異化効果」と呼ぶ。

ブレヒトの標的は、当初資本主義であり、ナチス台頭後はその軍事支配に向けられた。社会の変革に演劇を活用するために歌や詩をふんだんに使い、断片を集積して劇を完成させるなど、あらゆる手段を用いた。その遺稿は二〇万枚に及ぶという。戯曲構造としては、当然バロック的演劇に属する。

ただ単にブレヒトが政治的闘争のためだけに戯曲を書いたというなら、その名は演劇史に燦然と残らなかったにちがいない。ブレヒトは観客を引きつけるテクニックにおいて名人級だった。

ここで取り扱う『ゼチュアンの善人』（一九四三年）は、ナチスの台頭によって亡命を余儀なくされたブレヒトが、靴を履き替えるよりも頻繁に国を渡り歩いた結果、落ち着いた先のアメリカで一九四一年に執筆した作品だ。

本作では設定を中国の架空の地にとり、善人であることと生きることが矛盾する社会を批判している。

善人をさがすために地上に三人の神が降りる。神たちは宿を借りようとするがことごとく断られる。ようやく泊めてくれたのが、主人公の娼婦・沈徳《シエンテ》だった。神たちは沈徳こそ善人だと思い、金を渡して善人であれと命ずる。しかし沈徳は、善を行うことと生きることはこの社会では両立しないと思い知る。その結果、沈徳の中にはもう一つの人格・崔達《シエイタ》が生まれ、彼女は沈徳として善を行う一方、崔達としてこれにブレーキをかけることでしか生きることができなくなる。なお舞台では沈徳から崔達への変身は俳優が仮面を着けるという一見原始的な手段によって実現する。ブレヒト独特の寓意だ。

こう書くと救いようのない劇のようだが、救いようのない状況の中に最も美しい「愛」の場面が挿入されている。

第三場。夕方、町の公園。みすぼらしい恰好をした若者・遜《スン》がひとり、柳の木にロープをかけて首吊り自殺をしようとしている。一文なしなのだ。ところが二人の淫売がやってきて声をかけるので、首吊りは実行にうつせない。淫売が去ると、次にやって来るのは主人公・沈徳だ。

二人は言葉を交わし始める。雨が降り出した。

沈徳　このロープで何する気？　そんなことしちゃ駄目！

逊　関係ねえだろ？　とっとと帰れ！

沈徳　雨だもの。

逊　木の下に入れてもらえるなんて思うなよ。

沈徳　(雨を浴びて身動きもせず立っている) 思ってないわ。

逊　姐さん、よしなよ、無駄だから。商売の相手にはなんないぜ。それにブスときてらあ。おまけにガニ股ときた。

沈徳　嘘よ！

逊　足なんか見せんな！　畜生、来いよ、木の下へ、雨じゃねえか！

(沈徳、ゆっくりとやって来て、木の下に腰をおろす)

沈徳　なぜこんなことするの？

逊　知りたいか？　なら言ってやらあ、それで厄介払いできるんならな。(間) 飛行士って知ってるか？

沈徳　ええ、茶館でみたことがあるわ。

逊　とんでもねえ。そんなのはモグリだ。飛行帽かぶっただけの調子のいい野郎よ。エンジンの音も聞き分けられず、飛行機についてのカンてものをまるで持ちあわせてねえ。ところがそんな奴が操縦席に坐れるのはただ格納庫長に袖の下を使えたからなんだ。そんな野郎に高度二千フィートから雲間を切り裂いて急降下してから、操縦レバーをぐっと引いて機体を水平に戻せるかって聞いてみな、そんな飛び方は契約書にはありませんって答えるぜ。飛べもしないで、飛行機を自分の尻みたいにただ地面に乗っけておくような奴は飛行士じゃねえ、ただの間抜けさ。俺は飛行士だ。ところがまた大間抜けでもあるんだな。なぜって俺は飛行機に関する本は残らず読んだのにさ、北京の学校でな。だが一ページだけ読み落とした。そこには飛行士はもう必要がなくなるって書いてあったんだ。そこで俺は飛行機のないパイロットになっちまったわけよ、郵便のない郵便飛行士さ。でも、それがどういうことか、お前なんかに分かりっこあるもんか。

沈徳　分かると思うけど。

遜　違う、俺が分からないと言ってんだから、分かりっこねえんだよ。

沈徳　（泣き笑いしながら）子供のとき羽根が片っぽ効かなくなった鶴がいたの。とっても気のいい鶴で子供たちが悪戯しても怒ったりせず、胸を張ってみんなのあとをよちよちついてきたわ、あんまり早く走らないでくれと言うように泣きながら。でも秋や春、渡り鳥の群れが村の上を飛んでいく季節になると、とても落ち着かなくなったの。その鶴の気持ちがよく分かったわ。

遜　泣くんじゃない。

沈徳　泣かないわ。
遜　お白粉がはげるじゃねえか。
沈徳　もう泣かないわ。
（袖で涙を拭う。彼は木にもたれたまま、沈のほうを向かずに顔に手を伸ばす）
遜　ちゃんとツラも拭けへえのかよ。
（遜はハンカチで顔を拭いてやる。間）
（岩淵達治訳『ゼチュアンの善人』）

あまりに素晴らしい場面なので省略せずに引用した。二人の対話はまだしばらく続くのだが、これだけ引用すれば十分だろう。沈徳と遜は惹かれ合い、やがて結婚することになる。結果的に結婚はうまく行かないのだが。

二人の行く末はさておき、セリフのやりとりだけで急速に男女が惹かれ合うという、これだけ美しいシーンが他にあるだろうか。たとえば先に触れた『ロミオとジュリエット』にも、歌舞伎の『与話《よわ》情《なさけ》浮名横櫛《うきなのよこぐし》』（お富与三郎）（一八五三年）にも、浄瑠璃の『新うすゆき物語』（一七四一年）にも男女が急速に惹かれ合う場面はある。しかしそれらはいわば一目惚れであって、言葉の力が男女の距離を征服してゆく場面ではない。

『ゼチュアンの善人』は恋愛劇ではない。むしろ遜のごとき飛行士という当時最先端のテクノロジーを扱う職業と、水売り（王《わん》という名の狂言回しが登場する）などという信じがたい職業とが共存する世界の不条理を描く劇である。神は三人も登場する。つまりは神の不在を描く劇でもある。しかし、沈徳と遜の疾走する愛のシーンなしに、運命にもてあそばれる沈徳を描くことがどれほど困難であるか。

疾走しないチェーホフ

「演劇の『愛』は疾走する」という命題を立てたうえで、「疾走」のありようを様々見てきた。しかし、愛を疾走させない演劇も存在する。

小説と演劇の二つの分野において歴史上最も成功した作家のひとりであるロシアのアントン・チェーホフ（一八六〇―一九〇四年）は、愛に関してだけでなく万事において、決して人物を疾走させなかった。それは、演劇のあらゆる約束事からの解放をねらったチェーホフの確信犯的仕業だ。

劇作家としてのチェーホフのキャリアは、四大戯曲すなわち『かもめ』『ワーニャ伯父さん』『三人姉妹』『桜の園』に代表される。逆に言えば代表的作品を四本しか書かなかったにもかかわらず、これらはシェイクスピア作品に匹敵するほど人気のある戯曲として現在も上演され続けている。

四大戯曲の最初の作品『かもめ』について述べて、この章を閉じたい。

チェーホフは、パトロンであり友人であるスヴォーリン宛の手紙で『かもめ』の構想を次のように語っている。

いささかの満足をもって書いていています、舞台の約束に恐ろしくはずれているにもかかわらず。喜劇、三人の女役、六人の男役、四幕、風景（湖の景色）。文学についてのふんだんな会話、少ない事件、八十キログラムの恋愛。

（『チェーホフ全集』解説、筑摩書房）

「八十キログラムの恋愛」（原文は「五プード」）とは、とほうもない量である。人物に関する説明を抜きにして、まずはその恋愛関係を列挙してみよう。↓は片想い、⇕は両想いを示す。

メドヴェージェンコ↓マーシャ
マーシャ↓トレープレフ
トレープレフ⇕ニーナ
ニーナ⇕トリゴーリン
トリゴーリン⇕アルカージナ
ポリーナ↓ドールン

『かもめ』の幕開きは、次のようなセリフで始まる。

メドヴェージェンコ　あなたは、いつ見ても黒い服ですね。どういうわけで？
マーシャ　わが人生の喪服なの。あたし、不仕合わせな女ですもの。

教師のメドヴェージェンコは、この領地の管理人の娘・マーシャに恋しているが、マーシャの心はトレープレフにある。しかし相手は領主の甥であるから、この身分違いの恋は実るはずがない。だから「喪服」を着ているのだ。ところがメドヴェージェンコにはその意味がわからず、自分は少ししか給料はもらっていないが喪服なんか着ないと、ピント外れの言葉しかかけられない。しかし結局マーシャはこのつまらない教師と結婚し、喪に服したような人生をおくることになる。
マーシャが恋する作家志望の青年・トレープレフは村の娘・ニーナと恋仲にある。しかし、トレープレフの母で女優のアルカージナが、愛人の小説家・トリゴーリンを連れて戻ってきてから、状況は一変する。ニーナはこの通俗作家にのぼせあがってしまうのだ。トリゴーリンもニーナを憎からず想い、一旦はアルカージナと別れて同棲生活を送る。ただこれも長くは続かず、トリゴーリンはニーナを捨ててアルカージナのもとへ戻ってくる。トリゴーリンとアルカージナの関係は、愛人というより腐れ縁の夫婦だ。

一方トリゴーリンに捨てられたニーナは、売れない女優として各地を転々としながらも強く生き続ける。トリゴーリンにニーナを奪われたかたちのトレープレフは、作家として何とかものになったが、ニーナへの想いは消えない。

ちなみに医者ドールンは昔マーシャの母ポリーナと関係があったようだ。ポリーナは夫で管理人のシャムラーエフとかたちばかりは夫婦だが、いまもドールンを慕っている。マーシャはドールンとポリーナの娘かも知れない。

そして結末。数年ぶりにトレープレフの目の前に現れたニーナが、今もトリゴーリンを愛していると告げる。これはニーナのトリゴーリンへの愛ではなく、女優としてひとりで立っていこうとするニーナの態度表明なのだが、トレープレフには真意が理解できない。絶望したトレープレフは、ピストル自殺をしてしまう。

劇中、登場人物たちはしきりに文学談義を交わし、ロトというゲームのためにテーブルを囲み、やたらと酒を飲む。ただそれだけだ。

これだけ入り乱れた沢山の恋愛が設定されているにもかかわらず、何も起こらない。唯一劇的な行為は最後のピストル自殺だが、古典主義的演劇の約束に則って観客の目の前では行われず、ドールンの次のひとことで劇は終わる。

〔トリゴーリンに〕どこかへアルカージナさんを連れて行ってください。じつは、トレープレフ君が、ピストル自殺をしたんです……。

ラストシーンに居合わせた人物たち――それは本作の主だった登場人物のほとんどなのだが――は、トレープレフの自殺の理由を永遠に知ることはない。ニーナが来たことを知らないのだから。ニーナの自立とトレープレフの絶望だけが観客だけに知らされる、見事なアンチクライマックスである。

一八九六年、本作がサンクトペテルブルクのアレクサンドリンスキー劇場で初演されたとき、客席からは作者の期待しない笑いが始終こぼれた。観客は腹をかかえて笑えるような喜劇を望み、きっかけをつかまえては笑うことだけを考えたのだ。舞台と客席のちぐはぐな空気は俳優たちの平常心をこなごなにし、公演は失敗に終わった。チェーホフはその晩のうちにサンクトペテルブルクを逃げ出し、二度と戯曲は書かないと誓った。

何かが起こることを期待した観客の前で、何も起こらない劇を見せたのだから当然だ。しかしこの劇の新しさに、演出家で劇作家のネミロヴィッチ＝ダンチェンコが着目し、演出家のコンスタンチン・スタニスラフスキーとともに設立したモスクワ芸術座の旗揚げ公演で上演することになった。初演から二年後の一八九八年一二月のことだった。

初日、第一幕の幕が降りた（『かもめ』は全四幕だ）。当時は幕ごとにカーテンコールがあったから、俳優たちは幕前に並び、客席からの拍手を待った。ところが観客はしばらく沈黙を保っている。皆は公演の失敗を確信した。泣き出す俳優もいた。ところが、あきらめた俳優たちが舞台裏に歩き出したとき、耳をつんざくような喝采がわき起こった。こうして『かもめ』は演劇史に残る金字塔となる。疾走しない八〇キログラムの「愛」が勝利した瞬間であった。

〈参考文献〉

佐高信『タレント文化人100人斬り』社会思想社・現代教養文庫、一九九八年

C・ウォルター・ホッジズ著、河合祥一郎訳『絵で見るシェイクスピアの舞台』研究者出版、二〇〇〇年

〈テキスト〉

シェイクスピア著、松岡和子訳『ロミオとジュリエット』ちくま文庫、一九九六年

シェイクスピア著、河合祥一郎訳『新訳　ロミオとジュリエット』角川文庫、二〇〇五年

ヘンリック・イプセン著、毛利三彌訳『人形の家』（近代古典劇翻訳〈注釈付〉シリーズ）論創社、二〇一〇年

ベルトルト・ブレヒト著、岩淵達治訳『ブレヒト戯曲全集』第五巻、未来社、一九九九年

アントン・チェーホフ著、神西清訳『かもめ・ワーニャ伯父さん』新潮文庫、一九六七年

Romeo and Juliet, The Arden Shakespeare, 2012

Riverside, Complete Works of Shakespeare, Houghton Miffin Company, 1997

コラム④ ケビン・スペイシーの機転

満員の客席に携帯電話の呼び出し音が鳴る。場所はロンドンのオールドヴィック劇場。一九九八年七月のことである。

舞台では、アメリカの劇作家ユージン・オニールの代表作『氷屋来たる *The Iceman Cometh*』が上演されていた。「氷屋」ことセールスマンのヒッキーに扮したケビン・スペイシーが、熱弁を振るい続けている。ケビン・スペイシーは、言うまでもなくアメリカを代表する俳優である。この翌年『アメリカン・ビューティ』でアカデミー主演男優賞を取ることになる。

「氷屋」は、酒場でだらしのない日々を送り続けている人生の敗北者たちに、「こんなところにくすぶっていちゃだめだ」と説得を続ける。あとで知ったのだが、このセリフは古今東西の演劇史の中でも、最も長いもののひとつだそうだ。

長いセリフの間中、呼び出し音は鳴り続けていた。「持ち主は何と無神経は人間なんだ。劇は台無しになった」そう思ったのは私だけではなかっただろう。

と、その時、ケビンが客席に向かってこう言った。

Tell them we are busy.（いま忙しくて出られないんだ）

客席からは割れんばかりの拍手がおこった。ケビンは何事もなかったように演技を続ける。呼び出し音はいつの間にか消えていた。ケビンの機転でこの劇は救われた。観客も携帯電話の持ち主も救われた。それどころか、唯一無二の瞬間を私たちは共有したのだった。

三時間以上にわたるこの劇は、「氷屋」が妻を殺害したという救いようのない終わり方をする。なんだか『アメリカン・ビューティ』の結末に似ている。しかし私の記憶に深く刻まれているのはケビンのあのひと言だった。

劇場ではこのような奇跡が起きる。『氷屋来たる』のような大きな奇跡はごく稀だが、小さな奇跡は常に起こる。だから演劇は素晴らしい。

第五章　旅

日本演劇に内在する「旅」のモチーフ

気持ちよく趣味ゆたかに、しかし贅沢でなく飾りつけられた部屋。舞台奥、右手のドアは玄関ホールに、左手のドアはヘルメルの書斎に通じる。これら二つのドアの間にピアノ。左手壁の中央にドア、それよりずっと前方に窓。窓のそばに丸いテーブルとひじ掛け椅子と小さなソファがある。右手壁のやや奥にドア、同じ側の前寄りに、石造りの暖炉があり、その前にひじ掛け椅子二脚と揺り椅子が一脚おいてある。暖炉とドアの間に小さなテーブル。壁にはいくつもの銅版画。焼き物その他の小さな工芸品のおいてある棚。綺麗に製本された本の並んだ小さな本棚。床には敷物。暖炉には火が燃えている。冬の日。

（毛利三彌訳『人形の家』）

前章で採りあげた『人形の家』（一八七九年）の冒頭だ。歌舞伎でいうところの「舞台書き」つまり舞台装置を説明する部分だが、随分と具体的に家具や調度品が指定されているのがわかる。

実物同然の装置を置くからには、場面の速やかな転換はあきらめねばならない。実際『人形の家』は、全三幕をひとつの舞台装置で通す、いわゆる「一杯飾り《いっぱいかざ》り」の劇である。

その筋については前章で述べた。ここでは本作が三日間の出来事をそれぞれ一幕ずつに割り当てた劇だということを確認しておきたい。その三日の間に、しあわせに暮らしていたはずの弁護士の妻ノーラが、自分が男の「人形」に過ぎなかったことを発見し、八年間の結婚生活をなげうって家を出て行く。筋の時間は三日しか進まないから、観客に示されるのは登場人物の人生のほんの一コマだ。また、場面は一つに限定されるので、それ以外の場所で起こっている出来事は観客には見えない。しかし時間と空間が限定されているからこそ、この劇は人生の最も劇的な局面をリアルに観客に提示することに成功している。

イプセンは一杯飾りの劇のみを書いたのではない。『幽霊』四幕（一八八一年）、『ヘッダ・ガブラー』四幕（一八九〇年）は一杯飾りだが、他の作品では装置を換える。『海の夫人』（一八八八年）などは五幕すべてで場面が異なる。しかしいずれの場合も舞台には実物同様の装置を置くので、ひと幕の内に時間・空間を飛ばすことは不可能に近い。筋の時間はせいぜい数日。したがって共通するのは、長い人生を限られた時間と空間の中に凝縮して見せる古典主義的演劇の手法である。オーギュスト・ストリンドベリ（スウェーデン、一八四九―一九一二年）やアントン・チェーホフ（ロシア、一八六〇―一九〇四年）など、近代劇の先駆者はよく似たスタイルを採った。彼らの演劇観は少しずつ異なる。しかし結果的に彼らの作品は、リアルな劇的状況を観客の前に提示し、近代社会の問題を突きつけることになった。

一方、これから述べる日本演劇は、全く違う行き方をとった。

室町時代の能・狂言は特に具体的な装置を持たず、どのような場面であるかは観客の想像に委ねられた。これは能・狂言のアイデアがそうだったというだけではなく、舞台の形状から、具体的な装置を置くことが難しかった故の結果でもある。シェイクスピア時代の劇場が三方を観客に囲まれた裸舞台で、その制約のために人物の登退場によって場面を切り取ったのと事情は同じとみてよい。ただし能・狂言はあまり空間移動を行わず、逆にシェイクスピアは頻繁に空間移動を行ったわけで、制約の振り子が両極端の方向に向かったのだ。

一方、江戸時代に発生した歌舞伎・人形浄瑠璃は、能・狂言の伝統をかなぐり捨てて、具体的な装置を次々と転換させて多くの場面を観客の前に見せるという方向に向かった。空間が転々とするということは、同時に筋の時間も長くなることを示している。上演時間も一〇―一二時間と非常に長い。当然、構成は緊密ではなく、筋は中心となる人物からしばしば逸脱して脇筋に及び、複数の筋が複雑に絡み合う。

こうした江戸時代以降の日本演劇の特徴は、戯曲の叙事詩的性格に拠るところが大きい。そしてそれを支えているのは、戯曲の題材となった物語に本質的に内在する「旅」のモチーフであろう。本章では、旅のモチーフがどのようにして生まれ、日本演劇に吸収されていくかについて述べる。

なお、演劇における一般的な時間と空間の問題および装置との関係については、第一章において「古典主義的演劇」「バロック的演劇」という概念を用いて説明したので参照されたい。

苦難の旅 ～説経の場合～

歌舞伎・人形浄瑠璃に先行する旅のモチーフの例として、室町から江戸にかけて行われた「説経《せっきょう》」という語り物のレパートリーのひとつ『をぐり』を挙げる。

京都二条の大納言兼家《かねいえ》には跡継ぎがなかった。鞍馬の毘沙門《びしゃもん》に祈誓《きせい》すると、男の子を授かった。子は成人して常陸小栗《ひたちおぐり》と名乗る。小栗は妻を娶ろうとするが、七二人もの女を娶ってもいまだ定まった妻がいない。あげくに美しい姫に姿を変えた深泥池《みぞろが》の大蛇と契ってしまう。父の兼家はこれを嘆き、小栗を常陸国に流す。

常陸国で、小栗は侍たちの人望を得て大将となる。小栗は武蔵・相模両国の郡代・横山の姫・照手《てるて》を妻に娶ることにし、選りすぐった屈強な家来一〇人を従えて横山の館に押しかける。縁談に反対する横山は、三男・三郎の計略で鬼鹿毛《おにかげ》という人食い馬を小栗に差し向けるが、小栗は鬼鹿毛を見事に乗りこなす。そこで三郎は、毒酒によって小栗と一〇人の家来を殺す。小栗は土葬、一〇人の家来は火葬にされる。

また、横山は後の難義を逃れるため、照手を牢輿《ろうごし》に閉じこめて相模川に流す。照手は奇跡的に生きながらえ、漁師に助けられる。漁師の長《おさ》は照手を養女にしようとするが、妻の姥《うば》はこれをきらい、人買いに売ってしまう。照手は人買いから人買いへと売られ、越後・越中・能登・加賀・越前・近江と渡って美濃の遊女の長者の家に落ちつく。照手は常陸小萩《こはぎ》と名付けられ、遊女の勤めをするように言われる。照手がこれを拒むので、水仕女《みずしおんな》の過酷な労働を強いられる。

こうして三年の月日が流れた。

小栗と一〇人の家来は冥途に行き、閻魔大王の裁決によって現世に戻ることとなる。しかし、家来一〇人は火葬にされて肉体が残っていない。土葬の小栗のみが現世に戻った。ただし土葬にされた肉体は変わり果て、足腰も立たない。小栗はその姿から餓鬼阿弥《がきあみ》と名付けられる。熊野本宮・湯の峰に入れると肉体が元に戻るというので、餓鬼阿弥は藤沢の上人によって土車に乗せられ、「この者を一引きすれば千人の僧、二引きすれば万人の僧の供養に匹敵する」との胸札をつけられて人から人へと引かれて行く。車は相模・伊豆・駿河・遠江・三河・尾張を経て照手のいる美濃にたどりつく。

餓鬼阿弥の車の話を知った照手は、長者に五日の暇をもらい、夫の小栗だとは知らずに餓鬼阿弥の車を美濃から近江まで引き、自分の名前と居所を書き残して美濃に戻る。

餓鬼阿弥はその後、京都から大坂・天王寺を経て紀伊へと様々な人に引かれ、途中からは山伏に担がれて熊野本宮・湯の峰に至る。四九日間湯に入ると、その身体はかつての頑強な小栗に戻った。

小栗は京都に上って父母と再会し、また帝と対面して五畿内五ヶ国と美濃を賜り、三日の間に三千騎の家来を集めて美濃の国に入る。小栗は自分の車を引いてくれた小萩（実は照手）に対面し、互いが夫婦であることを知る。

その後小栗は常陸の国に入った後、七千余騎の軍勢にて横山を攻める。小栗は照手の父・横山を許すが、毒酒を飲ませた三郎は簀巻きにして海に捨てる。また、照手を人買いに売った漁師の長の姥は首を竹の鋸《のこぎり》で切られることになる。

その後小栗は照手とともに常陸の国に戻り、長者として栄える。八三歳にて大往生し、美濃の国安《あん》八《ぱち》の郡墨俣《こおりすのまた》に正八幡《しょうはちまん》大菩薩として祀られる。また、照手も死後、縁結びの神となる。

以上が『をぐり』の梗概だ。

小栗や照手のように高貴な人物が、安住の地を与えられずさまよう物語を「貴《き》種流離譚《しゅりゅうりたん》」という。そしてその物語には、人間が経験しうる極限の苦難が尽くされている。小栗は変わり果てた姿で相模から熊野まで土車に乗って旅をし、照手は人買いから人買いへと売られたのち三年間女奴隷の日々を送り、夫と知らずその土車を引く。

こうした人物の苦難は、説経という語り物が「本地《ほんじ》物《もの》」の性格を備えていることを示している。小栗や照手は人間界に生まれ、様々な苦難を経験したのち、衆生《しゅじょう》（迷いの世界にある生きとし生けるもの）を苦しみから解き放ち悟りの境地へ導くべく、神仏へと転生していく。前世の苦難が過酷であればあるほど、神仏はありがたい崇拝の対象となる。そしてその前世は、苦難の旅の連続だった。

小栗と照手がたどったルートは、今の地名でいうと次のようになる。

小栗……京都→茨城→神奈川→（一旦死んだのち蘇る）→神奈川→静岡→愛知→岐阜→滋賀→京都→
大阪→和歌山→（もとの小栗へと回復）→京都→岐阜→茨城→神奈川→茨城

照手……神奈川（または静岡）→（北陸に飛ぶ）→新潟→富山→石川→福井→滋賀→岐阜→（定着）→
岐阜→滋賀→岐阜→（小栗が迎えに来る）→茨城

重層的な「旅」のモチーフ

説経に語られる人物の「前世」は苦難の旅の連続だと述べた。では、その苦難はなぜ旅と結びつかなければならなかったのだろうか。

前提として、説経という芸能について若干の説明をしておかねばならない。

「説経」は元来、仏教の教えを説き民衆を教え導く「唱導《しょうどう》」を指した。鎌倉末から室町初期にかけて、説経にたずさわる者たちが言葉に節をつけ、音曲・芸能へと変質していった。

説経を語る者を「説経説き」または単に「説経」という。説経説きは、僧形《そうぎょう》ではなく有髪《うはつ》で、裃《かみしも》を着、むしろの上に大傘《からかさ》を立てて肩に傾げ、簓《ささら》を擦りながら社寺の境内などで語った。簓は民俗芸能の田楽などに用いられた楽器で、長さ三〇センチほどの竹の棒の三分の二を細かく割った簓竹《ささらだけ》と鋸《のこぎり》歯状に凹凸を付けた木や竹の棒（簓子《ささらこ》）をこすりあわせて音を出す。

西田耕三は、「裃を着し、商売道具の傘とササラを持って歩く説経説きと、その説経説きの姿に早くも涙する姥《うば》の反応」を笑話集『醒睡笑』（一六二三元和九年）を引用して次のように伝えている。

道に一人の姥が哀れそうに泣いていた。行き合った人が、なぜ泣いているのか、と問うたところ、あそこへ行く男をみれば疑いもなき説経説きである、あの人の胸の内にはどれほどの「あはれに殊勝なること」があることだろうと思いやって泣いているのである、と答えた。姥が説経説きだと推定したのは、その男が「かちんのかみしもを腰につけ、傘をうちかたげ、ふところにささらのやうなる物の見えた」からである。

（『生涯という物語世界』）

このように、説経説きはひと目でそれとわかる姿をしていた。そして、その姿は人の涙を誘うものだった。この二つの事柄はつながっている。説経説きは社会の最下層に生きる放浪の民だった。説経説きの胸の内には、レパートリーとしての「あはれに殊勝なること」が無数に宿っている。同時に、説経説きその人も「あはれに殊勝なること」に満ちた生涯を送ってきた。説経説きの苦難の実人生と、説経に語られる苦難の人生が、説経説きの身体の中で重なり合っているのだ。説経という芸能は二重に苦難の表現であった。

説経の常套句に「あらいたはしや」「あらいたはしやな」がある。「あらいたはしやな照手の姫は」などと人物名をあとに付ける。聞き手と一緒になって人物に感情移入し、その苦難を嘆くのが説経説きの基本的な態度であった。

これは太夫殿御物語。さておき申し、殊に哀れをとどめたは、もつらが浦に御ざある、照手の姫にて、諸事の哀れをとどめけり。(『をぐり』新潮日本古典集成。以下『かるかや』『しんとく丸』も同じ)

これも説経一般に頻出する表現である。「これは○○(の)御物語　さておき申」は場面が換わるときの常套句で、それにともなって感情移入の対象となる人物も換わる。「殊に哀れをとどめたは」と言っておいてさらに「哀れをとどめたり」を重ねるのは、表現としてはくどく、スマートでない。これが常套句になるあたりに説経という芸能の「あはれに殊勝なる」性格がうかがえるのではなかろうか。

説経説きの語る演目が、神仏の本地を説き広める「本地物」の性格を持っており、それは神仏の前世の苦難の旅の物語であることはすでに述べた。

「本地物」という名称は、「本地《ほんじ》垂迹説《すいじゃくせつ》」にもとづいている。仏を本地（本体）と考え、神は仏が現世の人々を救うために垂迹した（仮の姿となって現れた）ものであるという考え方だ。外来宗教である仏教と日本古来の神道とが折り合うには神仏は一体でなければならなかった。国家レベルではその原型が奈良時代に見られる。平安時代中期以降、諸国を巡る修行僧が土着の信仰と接触することにより、本地垂迹説は民間レベルへと解き放たれた。鎌倉時代には村落共同体が独自の守護神・鎮守神をもつようになり、守護神・鎮守神への信仰をより身近なものにするために、人間としてのリアルな前世が語られることとなった。仏・神の本地・垂迹の立場はときに逆転し、あるいは問題視されない。むしろ重要なのは、神仏が前世で人間としてどのような生涯を送ったかということだった。『古事記』神話の世界で語られていた神々の前世物語のアイデアが、民間レベルで復活したといえる。

室町初期の一四世紀に成立した説話集『神道集』は、こうした本地物の古い形態を残している。その背景には社寺に所属した比丘尼《びくに》・巫女《みこ》・修験者《しゅげんじゃ》・勧進聖《かんじんひじり》・御師《おし》などという、旅する宗教的芸能者の存在が考えられる。口から耳へと伝える唱導芸能だけに、彼らは本質的に文字媒体としての資料を残さない。具体的演目とその内容については、絵巻物や奈良絵本（手書きの彩色絵本）、あるいは劇場に進出して「説経浄瑠璃」となった後の印刷物（正本《しょうほん》）など、江戸時代初期の媒体によってようやくその内容を確認することができる。

先に紹介した『をぐり』では、売られた照手は北陸諸国をさまよう。牢輿で相模川を太平洋側に流されたはずの照手が、日本海側に現れるのは唐突の感を免れない。日本海沿岸を歩く巫女が『をぐり』の成立に関わった可能性を考えなければならない。小栗が土車に載せられるとき藤沢の上人が出てくるのは、藤沢市の時宗の寺と関係があるといわれる。また、小栗・照手は美濃国墨俣に正八幡として祀られるが、地名を常陸国鳥羽田《とつばた》村の正八幡とするテキストや、京都北野の愛染明王となったというテキストの存在も報告されている。地名は語り手がどこを本拠地にするかでいかようにも変わったのだ。

説経の代表的演目には、『をぐり』の他に森鷗外が小説化したことで知られる『さんせう太夫』や、『かるかや』『しんとく丸』『あいごの若』『まつら長者』などがある。

『さんせう太夫』で、あんじゆ（安寿）・つし王（厨子王）の姉弟が越後から丹後に売られるのは、『をぐり』同様日本海を持ち場とする巫女の存在を思わせる。『かるかや』は、石童丸が父を追って九州筑前国から高野山に行く物語だが、その中に空海の一代記が長々と語られるなど、高野聖《こうやひじり》との関係が指摘されている。また『しんとく丸』のしんとく丸が『をぐり』同様、熊野の湯に入れば病が治るというので一旦は熊野に向かうのに、引き返して天王寺で物乞いをするのも、宗教センターであり芸能センターであり、生命再生の地である天王寺を外すことができなかったからだろう。現存のテキストには過去の唱導活動の痕跡が見えるのだ。

つまり、登場人物の苦難の旅の地名は、それを伝えた語り手の旅と重なってくる。一方、苦難の内容そのものは地名とは関係がなく、また、登場人物の本地たる神仏の性格とも強い結びつきをもたない。

説経の演目の間に共通の趣向がみられることも指摘しておかねばならない。たとえば『さんせう太夫』と『をぐり』に共通するのは「三郎」という悪人の名前だ。また、主人公の苦難の原因となった悪人が竹の鋸でひき殺されたり、簀巻きにされたりと、同じ制裁の方法が見える（『あいごの若』にも簀巻きの趣向がある）。小栗は毘沙門天の申し子だが、つし王の守り本尊の地蔵菩薩の神体は毘沙門天、つし王が身を寄せる国分寺の本尊も毘沙門天だ。小栗とつし王は、額に「米」という字が三つ現れ、両眼に瞳が二つずつあるという異形だった。また、小栗ほどの長旅ではないにしても、つし王も土車で京都から天王寺まで引かれていく。

盲目となった人物の両眼が神仏の奇瑞で開くのは『さんせう太夫』『しんとく丸』『まつら長者』に共通した趣向だ。『あいごの若』の愛護の若と『まつら長者』の松浦さよ姫は、いずれも初瀬（長谷）の観音の申し子だ。さよ姫を助ける大蛇の正体は伊勢の二見ヶ浦の「小萩」という娘だが、『さんせう太夫』で何かとあんじゆの手助けをしてくれる女も二見ヶ浦から来た「伊勢の小萩」という。照手の仮の名も「小萩」だった。大蛇は説経の重要なモチーフらしく、『をぐり』『しんとく丸』などにも言及される。

このように、演目間の共通点・類似点は枚挙に暇がない。

これら共通・類似の趣向と、各演目の登場人物や神仏の性格との間に特段の因果関係はないので、説経同士、あるいはさらに古い段階の唱道活動者同士が旅を通して連絡し合った結果、趣向の共有を生んだということができよう。

芸能者の旅を通して物語が生成されたことからも、説経は本質的に旅の芸能だった。しかし一七世紀前半になると、その中から都市の劇場に進出し、定住する者が出てくる。ひと足先に人形操りと提携していた浄瑠璃をまねて、いわゆる「説経浄瑠璃」となるのだ。説経が口から耳へと伝える単なる「語り物」から、人形という視覚的要素を加えた「演劇」へと変化したことによって、説経は変容してゆく。

都市への定住によって唱導の性格が薄れ、冒頭や結末に神仏の本地を明示するという説経の基本的形式は失われた。簓は三味線に取って代わられる。また、浄瑠璃の形式をまねて全体が「段」の単位に分けられ、劇場での上演と鑑賞の便宜となった。一七世紀なかばから一八世紀にかけての急速な識字率の上昇と、印刷技術の革新を承けて、説経浄瑠璃にも浄瑠璃同様、上演台本を印刷した正本が出版される。

ただし説経浄瑠璃と浄瑠璃との大きな違いは、新作への志向の有無だろう。浄瑠璃では作者が出現し、新作が次々と作られてゆく。一方、説経浄瑠璃の作品には作為の片鱗はうかがえるものの、新作の気運に乏しい。むしろ浄瑠璃と一線を画すためにことさら「説経」を名乗り、説経古来の題材を守った。説経説きとしての出自がそうさせたのかもしれない。説経浄瑠璃は京都・大坂よりも江戸で流行し、特に江戸歌舞伎に直接の影響を残して一八世紀前半に急速に衰退する。

説経は、定住せず旅を続けることによって多様な旅の物語を形成した。しかし旅のモチーフが都市の芸能である歌舞伎・人形浄瑠璃に継承されるためには、都市への定住が必要条件だった。説経は旅を捨て、定住を選んだことによって旅のモチーフを譲り渡し、自らはその役割を終える。

再び苦難の旅 ～浄瑠璃の場合～

説経に先立って人形と提供し、都市の劇場に進出した語り物に浄瑠璃がある。「浄瑠璃」の名称は『浄瑠璃御前物語』という物語に由来している。

その梗概をあらあら記す。

三河の国矢矧《やはぎ》の長者は薬師如来に祈誓して浄瑠璃姫をさずかった。

一方、御曹司《おんぞうし》（後の源義経）は、七歳より鞍馬山に登り勉学修行をしていたが、一五歳のとき鞍馬を下り、金売吉次《かねうりきちじ》の供をして東に向かう。途中、矢矧に宿をとった折、当時一四歳の浄瑠璃姫に恋をし、さまざまに口説いた末ついに思いを遂げる。一夜明けて御曹司は姫と別れ、旅を続けるが、蒲原の宿で病に倒れる。吉次は御曹司を残して去る。宿の女主人は御曹司の高貴な様子を見て婿に迎えようとするが、御曹司は浄瑠璃姫のことがあり、これを断わる。すると女主人は御曹司を吹上の浜に捨てさせる。

瀕死の御曹司のもとに源氏の氏神である正八幡が僧の姿で現れ、御曹司の言伝を浄瑠璃姫に伝える。

浄瑠璃姫はその知らせを受け取ると、侍女の冷泉とともに矢矧を出、吹上の浜に来る。箱根権現は尼の姿となり、御曹司が昨日亡くなったことを告げる。姫は浜で御曹司の死体を掘り出す。姫が伊勢天照大神と箱根権現に祈誓すると、御曹司はよみがえる。御曹司は矢矧で姫に再会することを約束して東へ向かい、姫は御曹司の呼び出した天狗に乗って矢矧に帰る。その後御曹司は平泉の藤原秀衡《ひでひら》の館にたどり着く。

三年後、御曹司は軍勢を引き連れ都へ上る途中、矢矧に立ち寄り、姫を訪ねる。しかし姫はすでに亡くなっており、今日が四十九日という。姫は母の長者のすすめる縁談をことごとく断ったため追い出され、命を落としたのだった。御曹司が姫の供養をすると墓の五輪が砕ける。御曹司は冷泉寺を建てて姫の菩提を弔う。また姫を追い出した母の長者を簀巻きにする。

その後、御曹司は都に上り、平家を討つ。

『浄瑠璃御前物語』も本地物であり、また苦難の旅の物語でもある。

本作が芸能として語られた記録は、早くは一五世紀に見られる。語り手は盲目の芸能者である座頭であった。盲目であるか否かは説経と浄瑠璃を分けるひとつの要素だろう。

また、説経が最下層の芸能者によって野外で行われたのに対し、『浄瑠璃御前物語』は高貴な階級の座敷でも多く演じられている。そのためか、口から耳への経路だけでなく、文字が読める階級の間で、草子や絵巻物・奈良絵本のような紙の媒体によって伝わった。

『浄瑠璃御前物語』を語ったのは、もとをただせば平家物語を語った盲僧の一派だと思われる。最初は琵琶が伴奏楽器だったが、一六世紀なかばに沖縄から三味線の原型である三線《さんしん》（蛇皮線）が輸入されると、いち早く三味線に持ち換える者も現れた。さらに一六世紀末から一七世紀初めにかけて、人形操と提携して「浄瑠璃操《あやつり》」（現在の「人形浄瑠璃」）が成立し、一七世紀前半には都市の劇場に定着した。浄瑠璃操を行った人々はすでに盲僧ではない。盲人の役割は三味線に絞られ、語り手である太夫との役割分担が生じる。都市に定着して興行を持続する必要から、多様な新作演目が作られた。新作を語るために正本を読まねばならない関係上、太夫は盲目であってはならない。『浄瑠璃御前物語』以外の演目が正確にいつごろ生まれたかは不明だが、「浄瑠璃」という一般名詞となったことからして、『浄瑠璃御前物語』が単独のレパートリーとして語られた時代が長かったのではないかと思われる。

ところで梗概に示したように『浄瑠璃御前物語』が貴種流離譚であり、かつ本地物の性格を持っていることは明らかだ。御曹司の黄泉《よみ》がえりは、説経『をぐり』を思い起こさせる。また悪人を簀巻きにして報復する点も説経と共通している。

黄泉がえりの際、浄瑠璃姫は伊勢大神と箱根権現に祈誓する。別のテキストではこれが八幡と薬師如来になったり、三島大明神になったりと一定しない。説経同様、語る場所が変わることによって地名も変わったのだと考えられる。

このように、『浄瑠璃御前物語』には説経との共通点がある。またのちの浄瑠璃の演目には説経色の強いものもあり、説経と浄瑠璃の区別のつきにくいものもある。ちなみに空間と時間を移動する際の常套句は、説経では「これは○○（の）御物語　さておき申」だった。浄瑠璃では「さてもそののち」になる。こうした文言の違いが説経と浄瑠璃を区別するひとつの手がかりとなるが、その中間的な表現も少なくない。

ところで『浄瑠璃御前物語』にあって説経にはない大きな特色は、これが『平家物語』や『義経記』のいわば「外伝」となっている点にある。つまり、歴史や英雄の事績を語る「叙事詩」の性格をより強く持っている点が説経との相違点だ。『浄瑠璃御前物語』には、説経に見られた「あらいたわしや○○」「殊に哀れをとどめたは　○○にて　諸事の哀れをとどめたり」のような定型句がない。語り手が人物の感情にどっぷりとひたるのではなく、やや離れた視点から客観的に事柄を叙述するという、後の浄瑠璃一般に引き継がれる態度がみえる。

ただし、信多純一が「元来、『浄瑠璃』は叙事性が叙情性を包み込んだ形で成立した」(『古浄瑠璃説経集』解説）と述べたように、『浄瑠璃御前物語』は叙情的性格も併せ持っていた。この「叙情性」を、信多の言う「浪漫的な空想的な世界」と限定せず広く解釈するならば、『浄瑠璃御前物語』には二種類の叙情的要素があると考えられる。

ひとつは、御曹司と浄瑠璃姫が和歌のやり取りをしたり、御曹司が浄瑠璃姫の一間に忍んで問答をしたりする（枕問答）恋愛に関する要素である。男女の恋のやり取りにおける人物の感情・情緒を主観的に表現したもので、まさに「叙情」と言うべき場面といえよう。

それでもなお姫がなびかないので、御曹司は言葉を尽くし、物数を尽くし姫を口説くことになる。すなわち、二つ目の叙情的要素として「物尽くし」が浮かび上がってくる。

「枕問答」のあと、「大和詞の段」で御曹司は次のように「大和詞」を並べ立てる。

いかにや君　繋がぬ駒の風情かや　野中の清水の譬《たと》へかや　沖漕ぐ舟の風情かや　峰の小松の譬へかや　笹に霰《あられ》の風情かや　一叢薄《ひとむらすすき》の風情かや……

（『古浄瑠璃　説経集』。以下同じ）

すべては挙げないが、一一種類もの「大和詞」の「風情」「譬へ」を並べ立てた挙げ句、「よしよし今夜は靡《なび》かせ給へや　東の姫」と、御曹司は姫に契りをせまる。これに対して姫は次のように反論する（現代語の拙訳をも併せて示す）。

繋がぬ駒の風情とは　自らに主が無いとの御諚《ごじょう》かや　野中の清水の譬へとは　独り心を澄ませとの御諚かや　沖漕ぐ舟の風情とは　焦がれてものを思ふらんとの御諚かや　峰の小松の譬へとは　嵐激しいとの御諚かや　笹に霰の風情とは　触らば落ちよの御諚かや　一叢薄の譬へとは　早々穂に出でて乱れ合へとの御諚かや……

（私のことを「繋がぬ駒」とは、私に夫がないとの仰せでしょうか。「野中の清水」に譬えられるのは、独り心を澄ませとの仰せでしょうか。「沖漕ぐ舟」とは、思い焦がれてもの思いにふけっているのだろうとの仰せでしょうか。「峰の小松」に譬えられるのは、嵐が激しいように私の心も激しく揺れているとの仰せでしょうか。「笹に霰」とは触れば落ちよと仰せでしょうか。「一叢薄」とは、早々とあなたに惚れて乱れ合えとの仰せでしょうか……）

言葉を尽くしてもなびかぬ姫に対し、御曹司はとうとう「自分は源氏の宝刀友切丸にて腹十文字に掻き切り、浄瑠璃御前との恋がかなわなかったから死んだのだと言いふらす」と脅しまがいの文句まで言って姫を陥落する。

言葉や物を並べ立てるのは、恋のやり取りの場面だけではない。

御曹司が矢矧の長者の館に着いた折、その庭の様子を眺める「泉水揃え」という場面がある。東西南北の泉水に見られる植物・動物その他の風景を長々と列挙するのだ。また、召使いの十五夜が浄瑠璃姫に御曹司のいでたちをこと細かに報告する「物見の段」、御曹司が浄瑠璃姫の一間に忍んだ折、四方の屛風に描かれた四季折々の風物を語る「四季の段」など、『浄瑠璃御前物語』は多様な「物尽くし」に満ちている。

「物尽くし」は説経のテキストにも夥しく登場する。先に挙げた「大和詞」の類も、説経『しんとく丸』でしんとく丸が陰山長者の乙姫を文にて口説く場面に使われている。

実はこの物尽くしこそ、日本演劇の時間と空間を考える上で決定的に重要な要素だと考えられる。

「物尽くし」と「道行」

説経にみられる「物尽くし」の具体例をいくつか挙げる。

まずは『かるかや』で、筑紫を出奔した松浦党の総領・重氏が、法然上人に弟子入りを願うがかなわず、護摩壇で誓文を唱える場面だ。

……伊賀の国に一宮《いつきゆう》大明神、熊野に三つのお山、新宮は薬師、本宮は阿弥陀、那智は飛竜《ひりよう》の権現、滝本には千手観音、神《かん》の倉に龍蔵権現、湯の峰に虚空《こくう》蔵、天《てん》の川に弁財天、大峰に八大《はつたい》金剛、高野に弘法大師、吉野に蔵王権現・子守・勝手、三十八社の大明神……

この物尽くしでは全国一〇〇以上の神仏の名が並べ立てられる。その分量は他の説経のテキストと比べても特に長大で、新潮日本古典集成本で四頁（四一行）、新日本古典文学大系本で二頁（二八行）に及ぶ。なお『さんせう太夫』にもこれと影響関係があると思われる神仏の「物尽くし」がある。

次に『しんとく丸』の一節を挙げる。やはり神仏に祈誓する場面だ。

有り難の御本尊や。末世の衆生がほむらをやめ、長者夫婦の者どもに、子種授けてたまはるものならば、御堂建立申すべし。天竺よりも唐木を下し、石口・桁口を唐金もつて含ませ、龍と田鶴が舞ひ下がりたところをば、げにありありと彫りつけて参らすべき。それも不足におぼしめさるるものならば、御前の舞台古び見苦しや、あれ取り替へて、欄干・擬宝珠《ぎぼし》に至るまで、みな金銀にてみがきたて参らすべし。それも不足におぼしめさるるものならば、鰐口古び見苦しや。あれ取り替へて、表は黄金《こがね》、裏白金《しろかね》、厚さ三寸、広さ三尺八寸に鋳たて、つり替へ参らすべし。それも不足におぼしめさるるものならば、御前の斎垣《いがき》古び見苦しや……

信吉《のぶよし》長者は子ができないので、清水寺の本尊に祈誓する。寺のあちこちが「見苦し」いので、普請や寄付を申し出る。「それも不足におぼしめさるるものならば」という決まり文句をはさんで申し出はエスカレートしてゆく。その結果願いがかなない、しんとく丸が生まれることになる。

以上二つは人物の口から発せられた物尽くしだが、人物の行動を語り手が物尽くしとして表現する例もある。

……縁日をかたどりて、御前の生き木に十八本の釘を打つ。下《しも》に下がりて祇園殿、月の七日が縁日なれば、御前の格子に、七本の釘を打つ。御霊殿に八本打つ。七の社《やしろ》に七本打ち、今宮殿に十四本、北野殿に参り、二十五本の釘を打つ……

継母が、しんとく丸を亡きものにして自分の弟を跡継ぎにするために、呪いの釘をあちこちに打ち続ける場面である。釘を打つ場所と本数との因縁を延々と述べるのも一種の物尽くしといえよう。物尽くしは演目中の聴きどころであると同時に、語り手の知識・教養を披瀝し、その語り手の信頼性を保証する役割をも担っていたと思われる。語りの芸能は初期において神仏の霊験あらたかなることを説くのだから、それなりの「資格」というものが語り手に備わっている必要があった。

ところで、物尽くしと並んで説経に頻繁に見られるものに「道行」がある。「道行」の形式は、早くは『平家物語』の「海道下り」などに見られ、能では冒頭の重要な部分を担う。能の道行文は比較的短いが、説経や浄瑠璃では人物が旅をする道程の名を連ねて示すことに重点が置かれる。後に近松門左衛門は、地名と人物の心情や境遇とを、掛詞や縁語などの言葉遊びによってたくみに結びつけて表現した。

先に説経『をぐり』で小栗と照手がたどった旅のルートを示したが、これも本文の道行に示されている。小栗（餓鬼阿弥）を乗せた土車が大津から紀州の「こんか坂」なる地へ引かれていく道行の一部を挙げる。

車の旦那出で来ければ、上り大津を引き出だす。関・山科に車着く。物憂き旅に粟田口、都の城《じょう》に車着く。東寺・三社・四つの塚、鳥羽に恋塚・秋の山、月の宿りはなさねども、桂の川を「えいさらえい」と引き渡し、山崎千軒引き過ぎて、これほど狭きこの宿《しゅく》を、たれが広瀬と付けたよな。ちりかき流す芥川、太田の宿を「えいさらえい」と引き過ぎて、中島や三宝寺の渡りを引き渡し、お急ぎあれば程もなく、天王寺に車着く……

物憂き旅に「会う」と「粟田口」を掛けたり、「ちりかき流す」から「芥川」を導いたり、のちの浄瑠璃の道行ほど完成度は高くないが、言葉遊びの片鱗がうかがえる。

説経に物尽くしや道行がどれほど使用されているのか、試みに新潮日本古典集成『説経集』に収録される説経六作品について、その数を一覧しよう。

作品名	物尽くし	道行	テキストの成立年	媒体
かるかや	3	4	1631年（寛永８年）	刊本
さんせう太夫	3	なし	1644年頃（寛永末年）	刊本
しんとく丸	3	4	1648年（正保５年）	刊本
をぐり	なし	6	1624～1658年（寛永後期～明暦頃）	絵巻
まつら長者	なし	1	1661年（寛文元年）	刊本
あいごの若	なし	1	1670年頃（寛文10年頃）	刊本

現存するテキストは、説経浄瑠璃の正本として印刷刊行された「刊本」にかたよっている。手書きの絵巻や奈良絵本の点数は少ないので、発行部数の多い刊本が現存するのは当然で、したがって説経浄瑠璃として語られる以前の原テキストの存在は考慮に入れるべきだろう。上記六種は現存する比較的早い時期のテキストを列挙したものにすぎず、作品の成立順序を示すものではない。また媒体も異なるので軽々に同列には取り扱えない。しかし上の一覧から一定の傾向を導き出すことは可能だ

ろう。

刊行年代の比較的新しい『まつら長者』と『あいごの若』は六段構成となっている点が特徴で、浄瑠璃の形式に倣ったことがわかる。『かるかや』『さんせう太夫』『しんとく丸』に頻出した物尽くしはなく、道行も一回と少ない。

『まつら長者』には「道行」という節付が現れる。この「道行」は三段目終わりから四段目始めまで段をまたいだ長い道行だ。一方『あいごの若』は、もともと場所の移動の少ない演目なので当然道行は少なく短いが、浄瑠璃で場面転換を示す「三重」の節や、「暗さは暗し雨は降る」のような浄瑠璃の常套句が見られる。二作品とも「これは○○御物語、さておき申し」の表現が「これはさておき」と簡略化されている。ただし「いたはしや若君は」「あはれなるかなさよ姫は」と、感情移入表現は残しているあたりが説経ということだろうか。

なお『しんとく丸』『まつら長者』『あいごの若』では、本地を示す説経本来の冒頭の文章は消滅している。

大まかな傾向として、時代が下るほど物尽くしは消え、道行も整理されて数が減り、浄瑠璃の形式に近づくということがいえるのではないか。

時間移動と空間移動

いま、物尽くしと道行を区別して考えてみた。しかし、本来これらは同じ発想から生まれたものであった。道行は地名という「物」の名を列挙する物尽くしなのだ。

郡司正勝は物尽くしと道行の関係について次のように述べた。

かぶき舞踊あるいは人形浄るりでは、「道行物」というジャンルが、もっとも大きな分野を占める。道行は、単にAの地点からBの地点へゆくことではない。現実の地点にもう一つ、あの世の道が重なっているのである。それは心情の世界の出来事であるといってもいい。心中への道行は、心情的には、主人公たちはすでに死んでいるのであるから、同時にあの世の道を辿ることでもある。実景は、この世であっても、魂はもう別次元の世界をゆくというのが本質である。「道行」はもと、地霊の名を唱えてゆく「もの尽し」にはじまるのであろうから、一種の名寄せである。「山づくし」「橋づくし」は、道行の根幹をなすのだといっていい。

（略）

「浄瑠璃十二段」（『浄瑠璃御前物語』に同じ）で、流浪の牛若丸について、浄瑠璃姫への「忍びの段」で、その装束を模様に至るまで詳細に述べてゆくのは、なにも衣装工芸が発達したためでなく、衣装は、その人間の運命尽しの模様でもあったので、日本人の感覚のなかには婚礼の嫁入衣装も死装束であり、晴小袖は、日常とちがう心情をともなうもので、死出の「ハレ」の衣装を着飾るというのが、もっとも道行の哀切で華やかな心意気というものであった。

道行において「現実の地点もう一つ、あの世への道が重なっている」という郡司の説はにわかに採りがたい。また、『浄瑠璃御前物語』「忍びの段」の物尽くしが「死出の『ハレ』の衣装」を述べたものだという見解も再吟味の必要があろう。しかし、物尽くしも道行も、物の名を次々と唱えてゆく「名寄せ」であるという郡司の根本的な考え方には説得力がある。

「名寄せ」あるいは「物尽くし」は日本芸能の特徴であり、その延長線上に「道行」がある。語り物の原初的形態において、物であれ地名であれ、名前を連ねるという意味において道行は物尽くしと同工のものだったと言えるだろう。

ただ一点、物尽くしと道行には決定的な違いがあることは指摘しなければならない。物尽くしは叙情的であり、道行は叙事的である。すなわち物尽くしには時間はないが、道行には時間がある。

別の言い方をすれば、物尽くしは一旦時間を止め、ある事柄の描写に言葉を尽くす。たとえば郡司も例に挙げた『浄瑠璃御前物語』で、牛若丸（御曹司）の装束を詳細に述べるとき、筋の時間は前に進まない。一方、地名を連ねる道行においては空間移動を次々としてゆくのだから、必然的に時間は前に進む。

人形と提携する以前、口から耳への伝達を専らとした語り手が、時間・空間の問題をどこまで意識していたかはわからない。あくまで現存する説経のテキストからの仮説だが、説経や浄瑠璃が人形と提携して演劇としての体裁を備えるにつれ、道行が残り、物尽くしは消滅する。口から耳への伝達の場合、物の名前を連ねるのは聴き手にとって苦にならず、むしろ心地よいある種の呪術的効果すらもたらす。しかし、これが演劇となったとき、人形を目の前にした観客が物尽くしを受け入れたとは考えにくい。物尽くしの間、変化に乏しい舞台を観客は目にしなければならないからだ。言葉の呪術は機能しなくなった。その結果、人物が空間移動をし、時間を前に進める道行のみが、舞踊的演出と変化に富んだ曲節を獲得して生き残ったと考えられる。

　しかし、説経や浄瑠璃が根本に旅のモチーフを持っていることは何度も指摘した通りだ。つまり場面をいくつも準備しなければならない。そこで、移動の過程を示す道行は最小限かつ効果的に見せ、それ以外は「三重」「ヲクリ」といった節付によって時間と空間を飛ばしたという道筋を考えることができる。

　ところで浄瑠璃各派から抜きん出て、近松門左衛門（一六五三―一七二四年）と提携した竹本義太夫（一六五一―一七一四年）が台頭してのち、浄瑠璃は新しい時代を迎える。近松の「近代的」とも言える人物の心理描写とレトリックの妙味に義太夫の語りが加わり、義太夫節は浄瑠璃の主流となる。他派は義太夫節に吸収され、あるいは消滅していった。一六八五貞享二年初演の『出世景清』をその分水嶺とし、それ以前を「古浄瑠璃」、それ以後を当時の言葉で「当流浄瑠璃」と呼ぶ。そして次節に述べるように、当流浄瑠璃において旅の物語は大きく変容するのである。

　なおこれ以降、「人形浄瑠璃」あるいは単に「浄瑠璃」と言う場合は、近松以降の「当流浄瑠璃」を指すものとする。

旅のモチーフの完成と消滅（あるいは潜在化）

説経浄瑠璃や古浄瑠璃が旅のモチーフを出発点としながら、その要素を演劇の形式に適応すべく整理していったことは先に述べた。そしてそれは「当流浄瑠璃」以降、さらに完成された戯曲構造の中に組み込まれていった。その結果、「旅」はもはや最重要のモチーフではなくなってゆく。

少し時代を先に進める。

一七四六延享三年、大坂・竹本座で初演された『菅原伝授手習鑑《すがわらでんじゅてならいかがみ》』を例にとろう。本作は『義経千本桜』（一七四七年）、『仮名手本忠臣蔵』（一七四八年）とともに人形浄瑠璃の「三大名作」であるが、歌舞伎に移入された結果、歌舞伎においても「三大名作」とされる。

右大臣にまでのぼりつめた菅原道真（本作では「菅丞相《かんしょうじょう》」）が、左大臣・藤原時平《しへい》の陰謀によって失脚し、太宰府に左遷されたのち、雷神となって祟りをもたらすまでの物語だ。ただし筋は菅丞相の行動のみを追うのではなく、菅丞相の周辺人物たちに焦点が当てられ、いわゆる「従属者の悲劇」を形成する。

菅丞相（菅原道真）の物語自体は古く、一二世紀にまでさかのぼる。全国各地に存在する天満宮の由緒を述べ、そのご利益を説く「天神縁起」と呼ばれる書物群がある。その多くは布教活動において視覚・聴覚両面に訴えるため絵巻物のかたちで記された。そののち、天神縁起は室町時代物語（御伽草子）となり、古浄瑠璃『天神御出生記《ごしゅっしょうき》』等へと受け継がれていった。

これら一連の天神ものに共通するのは、菅丞相が仏の降臨した姿として人間界に現れ、苦難を経験したのち雷神となり、最終的に天満大自在天神として祀られるという物語だ。つまり菅丞相の物語はもともと本地物だったのだ。本地物であるゆえ、菅丞相は人間的な弱さを持つ。太宰府に配流されたことを嘆き、自分をそのような境遇に追い込んだ藤原時平一味を恨み、梵天に祈るため天拝山に登り絶命する。絶命してもその怒りはやまず、雷神となって復讐をする。主人公はあくまで菅丞相ひとりであり、その菅丞相が京都から九州へ、そして死後京都へと場所を移すという点で一種の旅の物語でもあった。

近松門左衛門も道真伝説に取材した『天神記』（一七一四正徳四年）を著したが、まだ本地物の性格から脱しきっていない。「ことにわがつま菅丞相さまもと父もなく母もなく。是義《これよし》卿の御庭の梅のこかげに天くだり給ふと聞く」と、この世に降臨したいわれを述べるのはその証拠だ。菅丞相の性格にも人間的な弱さがある。

近松の死後、人形浄瑠璃は複数の作者による合作者制度を採るようになった。『菅原伝授手習鑑』では、全五段のうち二段目を三好松洛《みよししょうらく》、三段目を並木千柳《なみきせんりゅう》、四段目を初代竹田出雲《たけだいずも》が担当したと言われる。全体の筋は連絡し合いながらも、合作者制度ゆえ各場面の独立性は高い。冒頭に菅丞相の本地を述べる文章はあるものの、菅丞相の性格は全編を通して人間を超越したものとなり、神仏の前世としての人間的弱みを見せない。言い換えれば、菅丞相は人間としての劇的葛藤から解放され、戯曲の骨格となる人物へと後退することになる。こうして作品は本地物の束縛から解放された。

また、場面ごとに中心となる人物が変わるので、場所の移動は特定の人物の旅ではなくなり、旅のモチーフは表面から消える。こうして、人形浄瑠璃は叙事的性格を戯曲構造上は残しながら、各場面は非常にドラマ性の高い作品に仕上がってゆく。

たとえば『菅原伝授手習鑑』四段目のクライマックス「寺子屋の段」では、菅丞相のかつての家来・武部源蔵が菅丞相の息子・菅秀才の身替わりに、入門したばかりの小太郎の首を差し出す。この贋首の策は見事成功するが、小太郎は実は菅丞相に敵対していると思われた松王丸の息子だったとわかる。松王丸は、自分の息子が身替わりになることを想定して入門させたのだった。アリストテレスの言う「逆転と認知」だ。場所は田舎のみすぼらしい寺子屋で、登場人物も多くない。しかし首実検に立ち会う敵役・春藤玄蕃が「裏道へは数百人を付け置き、蟻の這い出る所もない」と言うように、この小さな空間には目に見えない国家権力の圧力が充満している。そして登場人物たちの人生は、限られた時間・空間の中に凝縮して示されるのだ。

浄瑠璃全五段の戯曲構造全体は時間も空間も移動するので決して緊密とはいえない。いわばバロック的である。ところが各場面は古典主義的な手法で書かれていることがわかる。場面単位の手法は、イプセンの近代劇と何ら変わることがない。

歌舞伎や人形浄瑠璃は、場面転換の困難を犠牲にしても、多くの場面を見せることを優先する演劇だ。そのために歌舞伎では廻り舞台という、世界に類を見ない舞台機構を生んだ。こうした創意工夫の過程で、バロック的な戯曲構造に古典主義的な場面が埋め込まれるという、特殊な形式を獲得した。それは同時に、旅のモチーフの消滅あるいは潜在化だった。

旅のモチーフの終着点

一七八三天明三年、大坂・竹本座で初演された人形浄瑠璃に近松半二作『伊賀越道中双六《いがごえどうちゅうすごろく》』がある。本作は、曽我の敵討・赤穂浪士の敵討（忠臣蔵）と並んで「日本三大敵討」と呼ばれる伊賀越の敵討を題材としている。上杉家家老・和田行家《ゆきえ》の息子・志津馬《しづま》（史実では渡辺数馬）が、唐木政右衛門（荒木又右衛門）の助太刀によって父の敵・沢井股五郎（河合又五郎）を討つまでの物語だが、これにからむ親子・夫婦・師弟の恩愛と義理のドラマが東海道筋に沿って展開される。

股五郎方の呉服屋十兵衛が偶然に志津馬方の実の父・平作に再会する六段目「沼津の段」と、政右衛門が偶然にかつての師・山田幸兵衛と出会い、師と妻の前でわが子を殺す八段目「岡崎の段」が特に優れている。

「道中双六」という名が示すように、これは旅の劇だ。人形浄瑠璃の作品では一場面は道行を仕組むのが通例で、まして旅の物語なら当然道行があって然るべきだが、本作に道行はない。それればかりか、各場面も、各場面の集合体である戯曲全体も、非常に緊密な構成をとっている。旅をうたいながら旅のモチーフから完全に離脱した作品といえよう。

内山美樹子は次のように述べる。

> 史実では事件発生から敵討までに四年を要し……敵討劇の構造上、流浪や貧苦を扱う必要がありながら、語り物風の冗長な時の扱いを嫌い、実は数年にわたっていても、一年以内の如くに劇を進行、終結させようとする一種の古典主義が浄瑠璃にはある。

人形浄瑠璃一般の性格を述べた文章だが、特に『伊賀越道中双六』にその傾向は強い。また内山は「沼津の段」についても次のような指摘をしている。

旅という、拡散的・流動的な場を、出会い即ち人間葛藤の緊迫した一断面において、求心的に捉え直した「沼津」は、能以来の日本の戯曲作法の一つの到達点である。

付け加えるならば、「沼津」や「岡崎」の「求心的」性格は、敵同士の親子・師弟が偶然に出会うという設定によって支えられている。

ここで再び古典主義的戯曲の典型である『オイディプス王』と『人形の家』を引き合いに出す。『オイディプス王』では一日のうちに偶然にも次々と証人が現れ、オイディプスが探していた父殺しの犯人が自分自身であることが明らかになる。また、コリントスからの使者が同時にオイディプスの出生の秘密を握る人物だという偶然もからんでくる。『人形の家』では、主人公ノーラの旧友リンデ夫人の偶然の登場と、ノーラを窮地に陥れるクログスタが偶然リンデ夫人のかつての愛人だったという設定が、ドラマを「逆転と認知」へと導く。古典主義的戯曲には、こうした偶然がついてまわるのだ。しかし出来のよい作品は偶然を偶然と悟らせない。

『伊賀越道中双六』もまた、偶然の出来事を随所に配しながら、その出来事を観客・読者に必然と思わせる深い人間洞察と巧みな文章によって成立した劇だった。

旅のモチーフによってその骨格が形成された歌舞伎・人形浄瑠璃であったが、その旅のモチーフの終着点が旅の劇『伊賀越道中双六』において示されたことは興味深い。

〈参考文献〉

内山美樹子『近松半二　江戸作者浄瑠璃集』（新日本古典文学大系）注釈・解説、岩波書店、一九九六年
郡司正勝「鳥部山」『郡司正勝刪定集』第3巻、岩波書店、一九九一年
西田耕三『生涯という物語世界』世界思想社、一九九三年

〈テキスト〉

信多純一・阪口弘之校注『古浄瑠璃　説経集』（新日本古典文学大系）岩波書店、一九九九年
室木弥太郎校注『説経集』（新潮日本古典集成）新潮社、一九七七年
ヘンリック・イプセン著、毛利三彌訳『人形の家』（近代古典劇翻訳〈注釈付〉シリーズ）論創社、二〇二〇年

コラム⑤ エクステンドとアドバンス

「エクステンドとアドバンス」というゲームがある。

先生役が一人、あとは生徒役、一人でもいいし何人でもいい。まず生徒Aが口火をきる。

生徒A「私はサイクリングにでかけた」
先生「アドバンス」
生徒B「森の中を駆け抜けた」
先生「森、エクステンド」
生徒C「その森は、東京ドームの十倍の広さがあるらしい」
先生「アドバンス」
生徒D「森を抜けて、湖に出た」
先生「アドバンス」
生徒E「湖で釣りをした」
先生「アドバンス」
生徒F「魚が一匹釣れた」
先生「その魚、エクステンド」
生徒G「魚は、コイだった」
先生「そのコイ、エクステンド」
生徒H「目の下五〇センチもある大きなコイだった」

このように、「アドバンス advance」では話を前に進め、「エクステンド extend」では話の進行を一旦止めて説明をする。即興性を培うためのゲームだが、文章を書く際にも役に立つ。学術論文はアドバンスとエクステンドの繰り返しだ。エクステンドが過ぎると一部を注にまわすという操作をする。

別の観点からこのゲームを分析する。「アドバンス」で時間が前に進み、「エクステンド」で時間が止まることがわかる。第五章で触れたが、叙事詩には時間があり、叙情詩には時間がない。叙事詩には筋があり、叙情詩には筋がない。つまり叙事詩はアドバンス、叙情詩はエクステンドなのだ。こうしたことをゲームによって体感すると、劇の構造がすっきりと理解されるようになる。

世の中には数え切れないほどのシアターゲームがある。どのゲームにも「これをやればこれができるようになる」といった、昨今文部科学省が好む単純な「めあて」はない。得るものは人によって異なるのだ。そこがシアターゲームの優れた点だ。もっと学校教育に導入されていい。しかし、教える教師がいない。

第六章　怪

『真景累ヶ淵』

三遊亭円朝《えんちょう》（一八三九―一九〇〇年）は、幕末から明治にかけて活躍した落語家で「近代落語の祖」といわれる。その円朝作の長編怪談噺に『真景累ヶ淵《しんけいかさねがふち》』（一八六九明治二年頃）がある。『怪談牡丹灯籠《ぼたんどうろう》』とともに円朝の代表作で、岩波文庫にも活字化されている。

そのあらましは次の通りだ。

富本（浄瑠璃の一派）の女師匠・豊志賀《とよしが》は、新吉という若い弟子と関係を持っていた。豊志賀には他にお久《ひさ》という若い女の弟子がいた。新吉がお久と親しくなったので、豊志賀は二人の仲を疑い、激しく嫉妬する。嫉妬の作用で豊志賀の顔には腫れ物ができ、嫉妬の念が深くなるにつれそれはひどくなる。そしてついに、豊志賀は新吉に恨みを残し自害してしまった。新吉はお久とともに江戸を出て、下総国《しもうさ》岡田郡（現在の茨城県）羽生村に落ち延びようとする。その途中、新吉は豊志賀の霊に悩まされ、草刈り鎌でまちがってお久を殺してしまう。実はその昔、豊志賀の父は新吉の父に殺されたのだった。その因果が巡り巡って、新吉はその後も殺人を重ねる。そして同じ草刈り鎌で自害して果てる。

『真景累ヶ淵』の「累ヶ淵」は、新吉がお久を殺す場所に由来している。すなわち下総国羽生村の絹川（鬼怒川）堤は、その昔累《かさね》という醜い女が殺された伝説を背負った場所だった。

なお、タイトルの「真景」は「神経」のもじりである。怪異現象は本当に存在するのではなく、それを見る者の「神経」つまり心理的作用がそうさせるのだという考え方だ。明治の文明開化の思潮に怪談噺を通用させるための工夫だった。

逆に言えば、明治より前に「神経」の考え方は一般的でなかったことになる。怪異現象はいたるところにあり、人々はそれと共存してきた。だがそれは怪異現象をまざまざと眼前にしていたということではなく、人々の想像（あるいは創造）の中で形成され変容したものだろう。本章では、累伝説を皮切りに、日本演劇に現れる様々な「怪」のありようを紹介し、前近代の想像力・創造力がいかなるものであったのかを考える。

累伝説

まずは『真景累ヶ淵』の題材となった「累伝説」について述べよう。累伝説は、下総国羽生《はにゅう》村に伝わる次のような事件にもとづいている。

累という女の死霊をめぐる騒動が羽生村に起きたのは一六七二年の春であった。羽生村の百姓・与《よ》右衛門《えもん》の娘・菊に、与右衛門の前妻である累の死霊が取り憑き、村全体をパニックに陥れた騒動である。

話は一六四七年に遡る。もともと与右衛門は貧しい百姓の生まれで、累の田畑の財産目当てに聟入りした。ところが累は醜い上に心がねじけていた。耐えきれなくなった与右衛門は、畑仕事の帰りに苅り豆の重い荷を累に背負わせ、絹川（鬼怒川）に突き落とす。苅り豆に水が染み込み、その重みで累の体は沈んでゆく。さらに与右衛門は首を絞めて累を殺害した。

累の死は事故死として届けられた。村の者が何人か現場を目撃していたが、醜く心のねじけた累ゆえ見て見ぬふりをしたのだ。

累の遺産を手に入れた与右衛門は新しい妻を迎えるが、五人までは子もなく次々と死んでしまう。六人目の妻は菊という子を産み、菊が一三歳のときに死んだ。菊が一四歳の春、累の死霊が取り憑く。死霊は菊の口を借りて、与右衛門が自分を殺したことを暴き、六人の妻の相次ぐ死や田畑の不作は自分の祟りだという。

その後累の死霊は再三菊に取り憑いて、累殺しを黙認した村全体に祟ろうとする。隣村の飯沼・弘経寺《ぐぎょうじ》に遊学していた祐天上人《ゆうてんしょうにん》（一六三七―一七一八年）が除霊のために呼ばれる。祐天上人は後に浄土宗大総本山増上寺の法主《ほっす》（宗派の首長）になる名僧で、この時代を代表する呪術師・悪魔払い師だった。はたして累は祐天上人の法力で解脱《げだつ》する（苦悩から解き放たれる）。

しかしその後も菊は死霊に悩まされた。

因果話は累の父の時代に遡る。その名も同じく与右衛門といった。父・与右衛門の後妻には助《すけ》という連れ子があった。助があまりに醜いので、与右衛門はこれをひどく嫌う。困った後妻は夫のために助を絹川に沈ませて殺す。累はその因果で醜く生まれついたのだ。累が解脱した後、菊に取り憑いたのはこの助の死霊だった。助の死霊もまた、祐天上人の法力によって解脱する。

　この伝説は、早くは江戸時代初期の俳人・椋梨一雪《むくなしいっせつ》（一六三一―一七〇六～八年）の説話集『古今犬著聞集』（一六八四天和四年）に見え、一六九〇元禄三年刊の仮名草子『死霊《しりょう》解脱《げだつ》物語《ものがたり》聞書《ききがき》』によって人口に膾炙《かいしゃ》した。特に後者は、伝説の残る羽生村の浄土宗宝蔵寺の僧・残寿《ざんじゅ》（生没年不詳）が著したもので、同じ浄土宗の祐天上人の法力をたたえ広める目的で書かれたと見てよい。このとき祐天は死霊・生霊を認めない（したがって悪魔払いを認めない）浄土宗から除名されていたので、残寿に頼んで自らの名誉回復のための宣伝活動をしたのかも知れない。あるいは残寿が祐天の筆名であった可能性も否定できない。

　ただし『死霊解脱物語聞書』に描かれているのは、祐天の活躍だけではない。他に菊に取り憑いた死霊による地獄極楽めぐりの挿話が入るなど、話の構成はけっして緊密ではない。祐天にだけ焦点が当てられていない分、却ってことの信憑性を感じる読者もいたことだろう。

　その後累伝説は歌舞伎・人形浄瑠璃に採用されることとなった。ただし、題材としてはスケールが小さいため、断片化されてより大きな「世界」という枠組みに呑み込まれて行く。この断片を「趣向」と呼ぶ。

　いま「世界」「趣向」という術語を使った。これについては若干の説明が必要だろう。すでに何度も述べたように、歌舞伎や人形浄瑠璃は夜明けから日没まで一日がかりで上演された。一〇時間以上を一本の筋で通すには、観客に周知の物語を全体の枠組みとして設定しなければならない。一つや二つ場面を見逃しても、筋を追えるための配慮が必要だったのだ。菅原道真は太宰府に配流されて死に、平家は源平の戦いで敗れる。この大筋は変わらない。このような観客周知の大きな枠組みが「世界」である。「世界」を縦筋として、比較的短い逸話が横筋として挿入される。これが「趣向」である。「世界」の大筋は大きくは変わらないので、どのような目新しい「趣向」を盛り込むか、あるいは「趣向」によって「世界」全体をどのように読み替えるかが作者の腕の見せ所だった。

　累伝説を最初に歌舞伎に採り入れたのは、一七三一享保一六年の江戸・市村座だと言われている。『大角力藤戸源氏』という演目の二番目に累伝説が仕組まれた。絹川堤で与右衛門が累を殺す場面、狂った累の怨霊が天上へと昇る場面、祐天上人がこれを祈り鎮める場面等があった。

　その後、一七六八明和五年、江戸・森田座初演『伊達《だて》模様雲稲妻《もようくもにいなづま》』を経て、一七七八安永七年、江戸・中村座初演『伊達《だて》競《くらべ》阿国《おくに》戯場《かぶき》』において、累伝説はひとまず伊達騒動の「世界」に落ち着く。

伊達騒動の世界

「伊達騒動」とは一七世紀中頃に実際に起きた仙台藩の御家騒動で、実説は概ね次の通りである。一六六〇万治三年、仙台藩主・伊達綱宗《つなむね》は、遊女狂いなどの放蕩を幕府にとがめられ隠居を命じられた。綱宗の子・亀千代が二歳で家督を継ぎ、綱宗の叔父・伊達兵部《ひょうぶ》がその後見人となった。兵部は家老の原田甲斐《かい》と結託して藩の実権を握る。これに対して、伊達安芸《あき》ら保守派がその横暴を幕府に訴え出たため、一六七一寛文一一年、幕府大老・酒井雅楽頭《うたのかみ》による裁判となる。結果、兵部・甲斐の謀略が露顕し、一味は死罪・流罪となった。

伊達騒動は江戸時代の事件であり、実名を出して演劇や小説にすることがはばかられたため、「東山」の「世界」に仮託される。

「東山」の「世界」は複雑を極める。時代としては足利義政の治政なのだが、『伊達競阿国戯場』のタイトルにもある通り、歌舞伎を創始した出雲の阿国や、その愛人といわれた名古屋山左衛門（あるいは山三郎）、そのライバルの不破伴左衛門、さらに一五―一六世紀の絵師・土佐光信や浮世絵の創始者・岩佐又兵衛（浮世又兵衛）などがからんで時空を壮大に行き来するフィクションを構成する（常に全員が登場するわけではない）。伊達綱宗は足利頼兼《よりかね》の名前で登場する。

累伝説はその「東山」の「世界」に「趣向」として組み込まれた。

『伊達競阿国戯場』は初演の台本が残っていないので、翌一七七九安永八年江戸・肥前座初演の同名の人形浄瑠璃によって大まかな筋を追って行く。

累は遊女・高尾の妹という設定になっている。高尾は、実説において伊達綱宗が馴染んだとされる吉原で全盛の遊女である。足利家の力士・絹川谷蔵は、高尾がいては主君・頼兼の放蕩が止まないので、やむなく高尾を殺す。谷蔵は、高尾の妹・累と夫婦になって故郷の羽生村に帰り百姓与右衛門となる。殺された高尾の怨霊は累に乗り移り、累の顔は醜く変わり、片脚が不自由になる。累はこのことに気づかず、夫・与右衛門のために遊郭に身を売ろうとするので、与右衛門が鏡を見せて顔が変わったことを知らせる。このあと累は与右衛門と頼兼の許嫁との仲を誤解して嫉妬に狂い、与右衛門に鎌で殺される。

ここでは、もはや累も与右衛門も百姓ではない。それどころか、累は生来の醜い女ではなく、顔が変貌するのは怨霊が取り憑いた結果だった。

原話である『死霊解脱物語聞書』の累は、顔はどこもかしこも醜く、足が不自由で、心がねじけていた。一方『伊達競阿国戯場』の累は美しい女で、心が佞悪なわけでもない。醜くなるのは祟りのせいだが、それは顔面の腫れ物と片脚に集中して現れる。舞台上で美しい女が一瞬のうちに変身するところを見せ場としたからだろう。

なお、『死霊解脱物語聞書』には与右衛門が累を鎌で殺した記述はない。鎌は累を沈める苅り豆のためで、凶器としては使用されなかった。一方『伊達競阿国戯場』では累は鎌によって殺されることになる。累が百姓でなくなり、苅り豆を背負わなくなって、凶器が鎌に変わったのだ。以後、累伝説を仕組んだ歌舞伎では鎌は重要な道具となる。

なお、『伊達競阿国戯場』が初演された前年の一七七七安永六年に歌舞伎の『伽羅先代萩《めいぼくせんだいはぎ》』が、一七八五天明五年には同名の浄瑠璃『伽羅先代萩』が上演されている。「先代」（仙台）の名でわかる通りこれも伊達騒動物だが、累の筋は扱われていない。ただし、明治以降、『伊達競』と『先代萩』の要素がモザイク式に寄せ集められて現行歌舞伎の『伽羅先代萩』ができあがった。累関係の筋では中心人物だった絹川谷蔵は、花水橋の場に登場して累伝説の痕跡を残す。

江戸時代に話を戻すと、その後累は四代目鶴屋南北作の『阿国御前化粧鏡《おくにごぜんけしょうかがみ》』（一八〇九文化六年）に登場し、同じく南北の『法懸松成田利剣《けさかけまつなりたのりけん》』（一八二三文政六年）に至って主役となって現れる。累伝説は伊達騒動から離脱し、祐天上人が成田不動の利剣を喉に突き刺して名僧になったという逸話を取り込む。累が中心となる木下川《きね》堤（絹川堤）の場は『色彩間苅豆《いろもようちょっとかりまめ》』（通称「かさね」）という舞踊劇となって現在も上演されている。その梗概を簡単に記す。

夏の木下川堤、浪人者の与右衛門と奥女中の体の累が登場する。二人は深い仲で、累は与右衛門の子を身ごもっている。一度は心中まで決意した二人だが、与右衛門は思うところあって累を捨てて逃げた。累はそれを追ってここまで来たのだ。

屋敷へ戻れという伊右衛門と、恨み言をいう累、それにほだされる伊右衛門。と、そこへ川辺に草刈り鎌の刺さった髑髏《どくろ》が流れ着く（現行では助《すけ》の卒塔婆が一緒に流れ着く）。与右衛門が鎌を抜くと、にわかに累の顔が醜く変わり、片脚は不自由になる。以前、与右衛門は累の実の母・お菊と密通し、その亭主である羽生村の助を殺した。この髑髏こそ助のものだった（現行では変身のための時間稼ぎに、捕り手が出てきて与右衛門と立ち廻りになる場面が挿入される）。恨みをいう累に対し、与右衛門は鏡を見せて姿の醜く変わったことを知らせ、鎌を振りあげて累を殺す。

「木下川（絹川）」「羽生村」という地名、「菊」「助」という人名、草刈り鎌、鏡、醜い女など、累系統の劇のアイテムは揃っている。しかし、設定や因果関係は別ものといっていい。累伝説の諸要素が断片化された後、五〇分あまりの舞踊劇に再構築され凝縮されたことがわかる。

累伝説に見るように、歌舞伎・人形浄瑠璃に取り込まれた「趣向」は、原話から完全に離脱し、要素だけを残して新しい物語に変わる宿命をはらんでいるのだ。

『四谷怪談』の場合

「累」と並ぶ怪談の代表作に「四谷怪談」がある。正式名称は『東海道《とうかいどう》四谷怪談』（「あづまかいどう」の読みもある）、四代目鶴屋南北作の歌舞伎で、一八二五文政八年に江戸・中村座で初演された。

浪人の民谷伊右衛門は、女房のお岩とともに雑司《ぞうし》ヶ《や》谷で貧しい暮らしをしている。

産後の肥立ちのよくないお岩に対し、隣家の伊藤喜兵衛《きへえ》宅から血の道の妙薬が届けられた。伊右衛門がその礼に伊藤宅に出かけた留守に、薬を飲んだお岩は急な発熱を覚え苦しみ出す。

一方伊藤宅では、喜兵衛の孫娘・お梅と伊右衛門との祝言が準備されていた。お梅は伊右衛門に密かに恋しており、祖父はいささか手荒い方法で孫娘の願いをかなえてやったのだ。伊右衛門はここで、お岩に届けた妙薬は実は毒薬であり、お梅と伊右衛門を添わせるための策略であったことを知る。しかし、喜兵衛から出世の道を約束された伊右衛門は、お梅との縁組みを承諾する。

さて伊藤宅で伊右衛門・お梅の祝言が進んでいるまさにその間に、お岩の顔は醜く変わっていた。薬が毒薬であることを知る按摩《あんま》の宅悦《たくえつ》はその真相をお岩に話し、鏡を見せて姿の変わったことを知らせる。お岩は伊藤宅に恨みを言いに行くため、身だしなみを整えるべく髪を梳《す》くが、髪は抜け落ちその容貌はますます恐ろしくなる。お岩は宅悦ともみ合ううちに命を落とす。伊右衛門はお岩の死骸を川に流す。

伊右衛門はお梅と祝言するが、お岩の死霊の祟りで誤ってお梅と伊藤喜兵衛を殺してしまう。

なおここまでの筋では、伊右衛門宅と伊藤宅を交互に見せるために、歌舞伎独特の舞台機構である廻り舞台が効果的に用いられている。二つの舞台装置を背中合わせに飾り、舞台を回すことでスムーズに場面を転換するのだ。『四谷怪談』のように、一旦回した舞台を再びもとの場所に回して戻すことを「行って来い」という。廻り舞台の特性を最も有効に活用する手法だ。

さてその後、お岩の亡霊は逃げる伊右衛門を執拗に苦しめる。最終的に伊右衛門はお岩の妹の夫・佐藤与茂七《よもしち》に討たれる。

お岩関連の筋だけをごく簡単にまとめた。最後に佐藤与茂七の名を唐突に出したが、これは『忠臣蔵』の人物である。『仮名手本忠臣蔵』にはほとんど登場しないが（討ち入りの場面に「矢嶋」の名前で出る）、赤穂事件の討ち入りに加わった四七人の一人、矢頭右衛門七《やとうえもしち》の歌舞伎での人物名である。

なぜ佐藤与茂七が登場するのか。それは、『東海道四谷怪談』が『忠臣蔵』（あるいは「義士伝」）の「世界」を借りて書かれたからである。

『四谷怪談』初演時の上演形態は特殊で、一日目に『忠臣蔵』の前半と『四谷怪談』の前半を出し、二日目に『忠臣蔵』後半と『四谷怪談』後半、最後に『忠臣蔵』の討ち入りでしめくるという、二日がかりで完結する興行方法を採った。本来まったく関係のない二つの話の連絡をつけるため、『四谷怪談』ははからずも『忠臣蔵』を背景に持つこととなった。

実説の「赤穂事件」は四七人もの浪士が集団で主君の敵を討つという、江戸時代最大の快挙だった。しかし考え方によっては「四七人しか」集まらなかったともいえる。赤穂浅野家の家臣団三〇〇数名のうちほとんどは仇討ちに無関心かあるいは脱落したのだ。

そして、民谷伊右衛門は仇討ちのメンバーから漏れた人物として設定されている。仇討ちなどばかばかしい、うまい話に食らいついて生き抜いてやるという、はぐれた赤穂浪士像の代表といえよう。そして、伊右衛門に縁談を持ちかける伊藤喜兵衛は、敵である高師直（実説の吉良上野介）の家来だった。いくら孫娘の一目惚れの相手とはいえ、妻子ある男を婿に取るのは普通でない。伊藤喜兵衛が伊右衛門に興味を示したのは、塩冶（実説の浅野）側の情報を得ようとするもくろみがあったからだ。そして伊右衛門も納得の上で縁談に乗った。

『忠臣蔵』と結びつくことによって、結果的に『東海道四谷怪談』は単なる怪談劇の枠を越えて、赤穂事件および『忠臣蔵』を裏面から照射する作品となって後世に残ったのである。

ところで『四谷怪談』の種本のひとつに一七八八天明八年刊の『模文画《ももんが》今怪談《こんかいだん》』という絵本（黄表紙）がある。あらましは次の通りである。

四谷の間宮という侍の一人娘は大変醜い女であった。喜右衛門という聟をとって父・間宮は病死する。喜右衛門は、女房の醜さにがまんできず、伊藤・秋山という者と謀って金や家財道具一切を持ち出し、女房には博奕に負けたといつわって貧しい暮らしをさせた。女房は貧しさにたえきれず、喜右衛門から離縁状をとって家を離れる。その後喜右衛門は秋山の仲人で伊藤の妹を妻とするのだが、これを前の女房が知り、憤りのあまり鬼女となった。その怨霊は喜右衛門・秋山・伊藤らの一族一八人をことごとく取り殺した。

お岩の名前は出てこないが、伊藤・秋山は『四谷怪談』の登場人物であり、間宮喜右衛門は民谷伊右衛門に通じる名だ。もっともこれだけでは『模文画今怪談』を種本と決めつけるわけにはいかない。その前にも口承された話があったと想像できる。しかしさしあたり重要なのは、お岩伝説の源を辿ることではない。問題は『四谷怪談』に表れる様々な作為である。

新潮日本古典集成『東海道四谷怪談』解説にすでに指摘されていることだが、『四谷怪談』には累伝説が影を落としている。

歌舞伎の累も『四谷怪談』のお岩も、顔がにわかに醜く変化する点で共通している。そしてそのことに本人は気づかない。顔の変化を鏡で知らせるくだりは『伊達競阿国戯場』以来、累関係の劇に繰り返し用いられた。

先の梗概には触れなかったが、『四谷怪談』の民谷伊右衛門はお岩の父・四谷左門を殺害している。直接の因縁話にはならないものの、娘のお岩が結果的に父の敵に取り憑くのは、累伝説の原話にもあり、『四谷怪談』の二年前に上演された『色彩間苅豆』にも用いられた因果話である。お岩が嫉妬に狂うのも、やはり累関係の劇の系譜に連なることを示している。

なお、『四谷怪談』にはお岩の霊が提灯から抜けて出る「提灯抜け」という演出がある。これは初演時にはなく、一八三一天保二年の上演のときに行われた。服部幸雄『さかさまの幽霊』によると、このアイデアは『四谷怪談』の初演以前、一八一五文化一二年に上演された『慙紅葉《はじもみじ》 汗顔見勢《あせのかおみせ》』（現在『伊達の十役』のタイトルで人気作品となっている）において、累の霊が出現するときの仕かけを応用したものだった。作者はやはり四代目南北である。

累とお岩は連絡しあっていたのである。

つまり累に代表される怪異の「趣向」は、解体と再構築を繰り返す過程で因果関係が断ち切られて、モザイク式構成をとるようになった。モザイクはパーツが差し替え可能だから、他の題材に容易に採用されることになる。

一見怪談話や怪談劇にとって最重要と思われる「因果」は、実は断片的アイデアの下位に置かれるのである。

蝉丸をめぐって

話を別の「怪」に向けよう。

百人一首の中に蝉丸《せみまる》という人物がある。頭巾をかぶっていて僧形でないのに、なぜか「坊主めくり」では「坊主」の仲間に入れられている。蝉丸の札が出てくると特別な役がつくというローカルルールまであるらしい。

百人一首にある蝉丸の歌は次の通りである。

　これやこの　行くも帰るも　別れては

知るも知らぬも　逢坂《おうさか》の関

なお、もとの『後撰和歌集』では「別れては」は「別れつつ」となっている。逢坂の関は山城（現在の京都府）と近江（現在の滋賀県）の国境にあった関で、古来この関から東はすでに「東国」であった。

この歌、恋心も自然の情趣も歌っていない。ただ人が逢っては別れるということだけを伝えているのが、却って人生の深淵に触れているような深読みを読者に求めているようでもある。蛇足だが百人一首の中で唯一濁点のないのがこの歌だそうだ。

歌も特殊なら、蟬丸という人物も特殊である。

蟬丸は伝説的人物で、その正体はまったくわかっていない。一二世紀前半の成立とされる『今昔物語集』は、宇多《うだ》法皇（八六七―九三一年）の皇子の雑色《ざつしき》（貴族などの雑用をする者）とする。少し下った『平家物語』（一三世紀前半成立）、『無名抄』（一三世紀初成立）などでは、宇多法皇の子・醍醐《だいご》天皇（八八五―九三〇年）の第四皇子だという。いずれの資料の記述も断片的で根拠に乏しい。

また蟬丸は、逢坂の関にあった関蟬丸神社に音曲・芸能の神として祀られている。琵琶や琴の名人だったという蟬丸は、逢坂の関あたりで旅人を慰めていた盲目の放浪芸人たちの集合体として偶像化されたに違いない。

この蟬丸を演劇に採り入れたのは、中世の謡曲（能の台本）『蟬丸』だった。

ここでは蟬丸は醍醐天皇の第四皇子となる。幼いときから盲目だったので、帝の命令で逢坂山に捨てられる。藁屋《わらや》を与えてくれる者があり、蝉丸はそこで琵琶を弾いて心慰める日々を送る。姉の逆髪《さかがみ》は、髪が逆立つ病で心乱れ、逢坂山にさまよい着く。互いに姉弟と知った二人は手を取り合い互いの不幸を嘆く。逆髪は立ち去り、蝉丸は後ろ姿を見えぬ眼で追う。

謡曲『蝉丸』以後、蝉丸は醍醐天皇の第四皇子の地位を確立したようだ。そして謡曲『蝉丸』の影響下に書かれたのが、近松門左衛門作の浄瑠璃『せみ丸』（一六九三元禄六年以前と推定）だった。

『せみ丸』では、蝉丸はやはり醍醐天皇の第四皇子だが、盲目ではない。天性の美男で琵琶の名手、女性たちの注目を一身に集める存在だった。

蝉丸は天皇の命令で北の方（正妻）を迎えた。しかし蝉丸は北の方に見向きもしない。出家を願って女性を避けたのだ。そんなある日、蝉丸は昔ふとしたことから関係を持った直姫と出会う。これを知った北の方は激しい嫉妬の念にかられ、髪が逆立つ。北の方は、丑《うし》の刻《とき》参りをし、呪い釘を打ち、そのまま川に身を投げ、蛇となってしまう。

蝉丸は北の方をはじめとする数々の女の嫉妬のため盲目となる。天皇はしかたなく蝉丸を逢坂山に捨てさせる。直姫は蝉丸を慕って逢坂山に迷い来るがすれ違いで会うことができない。その後蝉丸は姉宮の逆髪のもとに身を寄せる。北の方の法要を行うと、成仏した北の方は如意輪観音《にょいりんかんのん》となり、その法力で蝉丸の両眼が開く。蝉丸は直姫とともに都へ帰る。

『せみ丸』は実は権力闘争の劇でもあるが、ここでは蝉丸関係の筋だけを抽出した。

『せみ丸』には謡曲の『蝉丸』を承けた人物・姉宮の逆髪が登場する。しかし逆髪よりも、もう一人の髪の逆立つ女である北の方が人物としては印象的だ。逆髪の髪は生まれつきで、父である天皇に嫌われて隠遁《いんとん》生活を送っているわけだが、謡曲『蟬丸』のように狂気にかられてはいない。一方、北の方は激しい嫉妬の念ゆえに髪が逆立ち、あげくに蛇体となる。蛇体は、能や歌舞伎舞踊の『道成《どうじよう》寺《じ》』にみるように、女の執心の表れであった。

なお、嫉妬や恋慕ゆえに髪が逆立つ例として、一七〇〇年に初演された歌舞伎『薄雪今中将姫《うすゆきいまちゆうじようひめ》』がある。花鳥《かちよう》の前は、姉・薄雪の夫である園部衛門《そのべのえもん》に横恋慕し、そのせいで髪が逆立つ。近松の『せみ丸』の影響を考えておくべきだろう。

そもそも髪が逆立つのは、女性が異常な精神状態にあるしるしといえる。累伝説のもととなった『死霊解脱物語聞書』の挿絵にも、霊に取り憑かれた菊の髪が激しく逆立っている様が描かれている。

ただし歌舞伎の想像力は、髪の逆立つ人物を嫉妬に狂う女性の範疇にとどめてはおかなかった。一六九八元禄一一年に京と大坂で競演された歌舞伎『蟬丸二度の出世』では、近松の『せみ丸』の設定をほぼ踏襲しながら、姫宮のかわりに逆髪王子という悪王子を登場させた。生まれついての異形のため、皇位を継ぐ資格を失った王子（皇子）である。天下を狙うことから一般に「悪王子」という。悪王子には、異形ゆえに常人にない能力が備わっており、牢破りをするなどの怪力を発揮する。その場面は歌舞伎の舞台で大きな見せ場となった。

この種の人物としては、古くは一六六二寛文二年以前に成立したとされる古浄瑠璃『すがはらの親王』に「御かみ、そらさまにはゑ上り、髭まうまうたる風情にて、琴弾きならしおはします」という天皇の第二皇子が登場する例があるが、悪王子が目立って登場するのは歌舞伎・人形浄瑠璃のドラマがある完成にむかう元禄期（一六八八―一七〇四年）を待たねばならない。

元禄期の歌舞伎だけを見ても、くもわけの親王・八剣の王子・金輪の王子・逆目の王子・むらくもの王子・くろかみの王子・八重雲の王子・ひがみの王子・おろちの王子など、天下を覆そうとする悪王子は夥しく登場する。

また蟬丸関係の逆髪王子に限っても、『蟬丸養老ノ瀧』（一七二一享保六年）、『蟬丸女模様』（一七二五享保一〇年）、『蟬丸逢坂ノ緑』（一七三一享保一六年）、『相栄山鳴神不動《おうさかやまなるかみふどう》』（一七三三享保一八年）、『梅桜仁《うめさくらににん》蟬丸』（一七五二宝暦二年）、『せみ丸』（一七五三宝暦三年）など、後世まで同じ趣向が繰り返し上演されたことがわかる。

蛇足だが、上記のうち『相栄山鳴神不動』は後に『雷神不動北山桜《なるかみふどうきたやまざくら》』（一七四二寛保二年）という作品へと発展する。『雷神不動』は蟬丸の「世界」を採らなかった。このため逆髪王子は存在理由を失い、かわりに髪の逆立つ病に悩む姫君が「錦の前」という名前で登場する。これが嫉妬ゆえの病なら蟬丸の「世界」に逆戻りなのだが、実は天井から巨大な磁石で引っぱられて髪が逆立っていたというオチがつく。これが後に歌舞伎十八番の『毛抜』となる。『雷神不動』からは、他に歌舞伎十八番の『鳴神』『不動』も生まれるので、歌舞伎史にとって重要な作品なのだが、それが蟬丸の劇から発展したことはあまり知られていない。

ともあれ、逆髪という女性から逆髪王子へと移行する過程で、髪が逆立つアイデアは劇の断片的な

「趣向」から、劇の構造全体を担う「世界」へと格上げされた。

ただし、時代が下ると『福牡丹吾妻内裡《ふくぼたんあづまだいり》』（一七九五寛政七年）、『吾嬬花岩井内理《あづまのはないわいだいり》』（一八一一文化八年）のように逆髪王子が蟬丸の「世界」から脱出して平将門《まさかど》・藤原純友《すみとも》の「世界」（一〇世紀の承平《しょうへい》・天慶《てんぎょう》の乱）に登場する。将門・純友という天下をねらう大悪人が「世界」の大きな枠組みを担当するため、逆髪王子は「趣向」のみを担う人物に格下げされた。

このように、「世界」と「趣向」の関係が、部分から全体、全体から部分へと、常に流動することは考慮せねばならない。

「世界」としての怪　～公家悪～

「世界」は二つ以上の権力の対立によって成立する。その最たるものが御位《みくらい》争いすなわち皇位継承をめぐる対立だ。

皇位を望む悪人は、逆髪王子のような、異形ゆえに皇位継承権を失った悪王子に限らない。蘇我入鹿・平将門・平清盛など、人臣にも天下をねらう悪人が登場する。

藤原鎌足の活躍を描く「大職冠《たいしょかん》」の「世界」を例に挙げる。

歌舞伎『傾城王昭君《けいせいおうしょうくん》』（一七〇一元禄一四年）では、悪人・蘇我入鹿が登場する。入鹿は、飛び行く鳥を睨んで落としたり、白象を乗りまわしたり、岩屋に入り国中を闇にして花々の咲くのをさまたげたりと、超人的な力を発揮する。入鹿の役は、演じる役者によって性格に揺れがあるが、『傾城王昭君』の場合は当時第一の敵役・山中平九郎が扮することで恐ろしい悪の形象を表した。原道生はこの平九郎の入鹿を評して次のように述べる。

〔『傾城王昭君』の入鹿によって〕在来の超人的なイメージを極めて正統的に踏襲・増幅した入鹿像が定着させられることとなり、更にそれが後続の諸作にも大きな影響を及ぼして行くこととなったというように考えることが出来るのである。
（『近松浄瑠璃の作劇法』）

原の言う「正統的に踏襲・増幅した入鹿像」は、近松門左衛門の人形浄瑠璃『大職冠』（一七一一正徳元年頃）にも承け継がれる。『大職冠』の蘇我入鹿はやはり超人的な力を持ち、赤銅の唐獅子像を眼力で溶かしたり、虎を睨み伏せたりする。その入鹿のいでたちは次のようなものだった。

入鹿の大臣金巾子《きんこじ》の冠、菊塵《きくじん》の装束、さながら天子の装い

金巾子の冠（金冠）は天皇のかぶる冠で、皇位をねらう（あるいは事実上手にした）大悪人が着することになっている。菊塵（灰色がかった黄緑色）の装束は天皇の普段着である。

入鹿のような皇位をねらう大悪人を一般に「公家悪《くげあく》」と呼ぶ。

人形浄瑠璃『大内裏《だいだいり》 大友真《おおとものま》鳥《とり》』（一七二五享保一〇年）の大友真鳥も公家悪の典型的人物といえよう。大友真鳥は、実は九州一円に勢力を誇ったキリシタン大名・大友宗麟を暗示している。比較的時代の近い大友宗麟の実名を出すのは問題があるため、九州探題の大友真鳥の「世界」に仮託したのだが、その真鳥は「金巾子の冠・袞龍《こんりょう》の御衣《ぎょい》。さながら天子の粧い」で九州諸国の大名の前に現れ、忠誠を誓うようせまる。袞龍の御衣は天皇の礼装である。朝廷に対して謀反をもくろむ真鳥に対し、筑前城

主の家来・亀山蔵人《くらんど》が斬りかかるが、次のように睨まれると動けなくなる。

「やあ推参なる毛二才め」と、はつたと睨む眼力勇力。かりにも王位の位に負け、五体すくんで働かず、覚えずすさる、たじたじたじ。

このように、超人的な力を持つ公家悪の例は枚挙に暇がない。もう一つだけ挙げておこう。

「三大名作」の一つ『菅原伝授手習鑑』には「車引《くるまびき》」という場面がある。

本作が初演された一七四六年、大坂に三つ子が誕生した。このニュースを承けて、作者は菅原道真の愛樹を擬人化した梅王丸・松王丸・桜丸という三つ子の兄弟を登場させる。梅王丸は道真に、桜丸は醍醐天皇の弟・斎世《ときよ》親王に、松王丸は藤原時平《しへい》に仕えた。時平が菅原道真を無実の罪で太宰府に追いやったことをきっかけに、円満だった三つ子の関係に亀裂が生じる。道真方の梅王丸・桜丸と政敵・時平方の松王丸は、各々の主君の関係さながらの敵対関係となる。

時平が京都・吉田神社に参詣することを聞きつけた梅王丸・桜丸は、テロリストよろしく時平を襲う企てを立てる。時平の牛車の前に立ちふさがる梅王丸・桜丸と、牛車を守ろうとする松王丸との、骨肉の闘争が始まる。と、そのとき、牛車から「金巾子の冠を着し天子に変わらぬその粧い」の時平が現れる。時平に襲いかかろうとする梅王丸と桜丸。しかし時平の眼力の前に、まったく歯が立たない。この部分の浄瑠璃本文を挙げよう。

やあ、時平に向かい推参なりと、くわっと睨みし眼の光、千世界の千日月、一度に照らすがごとくにて、さすがの梅王・桜丸、思わずあとへたじたじたじ、五体すくんで働かず、無念無念とばかりなり。
「五体すくんで働かず」の文言は、先に触れた『大内裏大友真鳥』にも見られた。金冠を着した公家悪の力を示す定型的表現である。

さてここで問題となるのは、もともと超人的な力を持つ人物が結果的に金冠を着したのか、金冠を着したゆえに超人的な力を持つようになったのかということだ。この因果関係は極めてあいまいだが、金冠を着した瞬間からその人物が別のものになるということだけは確認できる。

『菅原伝授手習鑑』の冒頭には、時平が病気の天皇の代わりに袞龍の御衣を着て唐の使節と対面しようとする場面がある。浄瑠璃の地の文には「謀反のきざしぞ恐ろしき」とある。また、時平が御衣と金冠をひったくって持ち帰ろうとし、道真に「誤って謀反の名を取り給うや」とたしなめられる。他の作品にも、金冠を着して玉座にかけこんだとたんに天皇の威徳を発揮する人物がしばしば見受けられる。

ところで八咫鏡《やたのかがみ》・草薙剣《くさなぎのつるぎ》・八《や》尺瓊勾玉《さかにのまがたま》の三種の神器が皇位継承のしるしとして歴代天皇に受け継がれたことはよく知られている。歌舞伎や人形浄瑠璃では、これらは単に天皇のしるしという範囲を超えて、持つ者にある種の力を獲得させる道具として機能する。そこが大名家における「御家の重宝」と決定的に異なる点だ。たとえば蘇生した悪人が鏡の力で白骨に戻り（『井《い》筒業平河内通《づつなりひらかわちがよい》』一七二〇享保五年）、鏡の威徳で敵対する者を圧する（『鶴山姫捨松《ひばりやまひめすてまつ》』一七四〇元文五年）がごときである。

金冠はじめ天皇の装束もまた神器同様の性格を有している。そして金冠や神器は公家悪によって悪用される。逆の言い方をすれば、金冠や神器を悪用しない、あるいは悪用する能力のない唯一の人物、それが天皇だった。つまり江戸時代の天皇観は、天皇機関説であり象徴天皇説なのだ。

ともあれ、金冠を着した人物の超人的な力は常人には容易に破れず、これに対抗するにはやはり超人的な力や、ある種の手続きを必要とする。

『菅原伝授手習鑑』では、道真の霊が雷となって時平一味を襲い、加えて桜丸と妻・八重の霊が小蛇となって時平の両耳に入ることで時平を滅ぼす。

鎌足と入鹿の闘争を描いた作品群の終着点ともいえる近松半二作の人形浄瑠璃『妹背山婦女庭訓《いもせやまおんなていきん》』（一七七一明和八年）でも、入鹿を滅ぼすには爪黒《つまぐろ》の鹿の血と疑着《ぎちゃく》の相ある女の生き血が必要だった。人形浄瑠璃『女蝉丸』（一七二四享保九年）の逆髪王子は、その絵姿を四十四本の釘で打って呪い殺さなければならない。人形浄瑠璃『将門冠合戦《まさかどかむりがっせん》』（一七四〇元文五年）の平将門を退治するには、急所のこめかみを狙う以外方法がない。

ただし、これら超人的な悪を滅ぼす場面が、作品の一番の見せ場になるのではない。小蛇になるまでの桜丸や八重の死や、特殊な生き血を手に入れるまでの幾人もの人間の犠牲という、いわゆる「従属者の悲劇」があくまでドラマの眼目だ。

したがって、異形の悪王子や超人的公家悪は、「怪」の表現という点においては場面単位でそれなりの存在感を発揮するが、次第に「世界」を構成するだけの枠組みへと後退してゆく運命にあった。天皇対悪王子・公家悪の対立構造は、各々の家来同士の対立へ、さらにその下位に属する階級同士の対立へと、下部構造を求めて細分化・断片化するからである。繰り返しになるが、歌舞伎や人形浄瑠璃はまる一日の上演時間を必要とし、全体としては緊密な構成を取りづらい。場面ごとの新しい「趣向」を考えることが創り手の本能であり使命であるからには、モザイク化は必然となる。あるいは劇の最小単位を入れ替え可能なモザイクにすることが、日本の演劇の本質なのかもしれない。

再び累より

累に話を戻すと、先に述べた通り、累系統の劇の最終形態は五〇分あまりの舞踊劇『色彩間苅豆』に落ちつく。

醜い女に変身した累を草刈り鎌で斬殺した後、与右衛門は累を残していったん立ち去る。ところが累は成仏せず、与右衛門を不思議な力で呼び戻す「連理《れんり》引《び》き」という演出になる。舞台では、与右衛門の役者が花道を退場した後、累の役者が舞台上で手招きの仕草をし、与右衛門の役者が見えない力に襟首を捕まれるように後ろ向きに引き戻される。何度も抗うが、ついに舞台に引き戻され、二人が見得《みえ》をしたところで幕となる。

歌舞伎の舞踊劇『道成寺』の代表格『京鹿子娘道成寺《きょうがのこむすめどうじょうじ》』では、怨念で蛇体（舞台では三角形を組み合わせた鱗模様の衣裳で表現される）になった女を花道から舞台へ押し戻す、その名も「押戻《おしもどし》」という演出が加わることがある。「押戻」は歌舞伎十八番の一つに数えられているが、独立した演目ではない。「押戻」の人物は、「隈取《くまどり》」という特殊なメイク、逆立った「車鬢《くるまびん》」、針金を芯に入れた太い「仁《に》王襷《おうだすき》」といった「荒事」演出の典型的な扮装をしている。加えて、竹笠と太い青竹を持ち、高下駄を履いて登場する。荒事の中でも特に珍妙な扮装だが、これくらいでないと怪異に対抗することはできないのかも知れない。押戻は悪霊が花道から出ていかないように（つまり悪霊の被害が世間におよばないように）、舞台方向に押し戻して閉じこめるのだが、直接押すのではない。見えない力で押すのである。

このように、見えない力による作用にこそ、怪の表現の本質がある。逆立つ髪も、睨まれて落ちる鳥も、五体すくんで働かなくなる体も、直接対象に働きかけるのではなく、すべて見えない力よって行われるのだ。

明治の落語『真景累ヶ淵』の豊志賀は、生まれつき醜いわけでも、怨念が取り憑いたわけでもなく、自らの嫉妬心のせいで相好が変化する。それは極めて近代的な解釈なのだろう。その一部は『豊志賀の死』という歌舞伎になった。連理引きや押戻や五体すくんで働かなくなる場面はない。霊魂は登場人物の前に具体的に眼前するのみとなる。その具体性を「神経」としてしまうところに、江戸とは異なる明治の想像力（想像力）があった。

〈参考文献〉
服部幸雄『さかさまの幽霊』平凡社、一九八九年
原道生『近松浄瑠璃の作劇法』八木書店、二〇一三年

〈テキスト〉

郡司正勝校注『東海道四谷怪談』（新潮日本古典集成）新潮社、一九八一年
原道生校注『大職冠』（『近松浄瑠璃集　上』新日本古典文学大系、岩波書店、一九九三年）
高橋比呂子校訂『大内裏大友真鳥』（『竹本座浄瑠璃集（一）』叢書江戸文庫、国書刊行会、一九八八年）
横山正校注『菅原伝授手習鑑』（『浄瑠璃集』日本古典文学全集、小学館、一九七一年）

コラム⑥ 北島三郎と小坂弘治さん

福岡に博多座ができたのは一九九九年六月のことだ。その年の九月、北島三郎特別公演があった。「歌手芝居」というジャンルで、前半が芝居、後半がコンサートという二部構成を取る。

まったく興味がなかった。ところが、当時博多座の支配人をしておられた小坂弘治さんが「岩井さん、観ておいた方がいいよ」とチケットをくださった。半信半疑で博多座に足を運んだ。前半は『無法松の一生』。北島三郎の無法松はめっぽう喧嘩が強い。小柄な北島が大きな相手を倒すのは、お約束とはいえ無理がある。

休憩のあとコンサートになった。圧巻だった。曲のたびにセットが換わる。転換の間も幕前にズラリと並ぶダンサーが観客を飽きさせない。何曲歌ったか、気がつくとスモークの上を揺れ動く船の上にサブちゃんがいた。背景には荒波の映像。これがフィナーレだと思った。ところがフィナーレのフィナーレが次に控えていた。一旦幕が閉まり、例のダンスのあと幕が開くと、舞台には青森のねぶた祭の実物と本物の踊り手がずらり三〇名。最後の曲は「まつり」だった。

久々に頭がくらくらした。そして、前半の無法松がなぜあんなに強かったのか、そのわけがわかった。サブちゃんだからあんなに強かったのだ。すべてが腑に落ちた。

観客の入りはよくなかった。しかしその後、動員数は口コミでうなぎ上りとなり、終わってみたら五三、六四七名に至った。客席占有率八割五分である。小坂さんの眼力はたしかだった。

小坂さんには多くのことを教わった。私の芝居も何度か観に来て下さった。最初は「あなたたちね、もっと稽古した方がいいよ」という厳しいお言葉。数年たって「ようやく観られるようになったね」。宴席では、仕事に穴をあけるのを嫌って生ものは口にされなかった。プロ中のプロだった。二〇一一年、胆のうガンのため亡くなった。

第七章　金

忍び寄る資本主義～『ヴェニスの商人』～

川上音二郎は一八九九年四月、海外公演に出た。サンフランシスコで成功するが、興行主に売り上げを持ち逃げされて大陸をさまよう。その後シカゴ・ボストン・ワシントン・ニューヨークを経てパリに渡り、一九〇〇年パリ万博の大スターになる。そのいきさつについては拙著『伝統演劇の破壊者川上音二郎』に譲ることとして、ここでは川上の演じた珍妙な芝居について述べる。

一八九九年の暮れ、川上一座はボストンに到着した。ボストンではイギリスの名優ヘンリー・アーヴィングが『ヴェニスの商人』を上演していた。シャイロックはアーヴィングの十八番《おはこ》で、生涯に一〇〇〇回以上も演じたという。アーヴィングと川上の間には交流ができたらしい（少なくとも川上はそう言い張る）。年が明けて一九〇〇年一月、川上はアーヴィングの舞台を観て、自分も同じ『ヴェニスの商人』で対抗してやろうと考えた。タイトルはシャイロックの洒落で『才六《さいろく》』。川上扮する才六（シャイロック）はなぜか北海道の漁師で、アントーニオの胸の肉一ポンドを切り取ろうとするときに、その胸に筆と曲尺《かねじゃく》で三寸（約九センチ）四方の四角を描いた。これがアーヴィングより細かいと高評価を受けたという。そんなはずはなかろう。例の川上得意の大法螺に違いない。しかしアントーニオの借金と抵当である胸の肉一ポンドとの交換関係が、九センチ四方の四角という、目に見えるかたちで観客に提示されたのは事実だ。交換関係は目に見えるかたちを取る必要がある。しかし貨幣による交換行為はしばしば目に見えないかたちで成立してしまう。それが貨幣のやっかいな性質だ。「金（貨幣）」という題材が文学や演劇に採用されるようになったのはいつごろだろうか。その起源は明らかでないが、少なくとも貨幣が流通する社会の到来を待ってこの題材は文学や演劇に浮上したはずだ。

いまふれたシェイクスピアの『ヴェニスの商人』（一五九六年）あたりは最も早い例だろう。岩井克人『ヴェニスの商人の資本論』は、『ヴェニスの商人』における共同体と貨幣経済圏との関係について鮮やかに説き明かしている。本書によると、共同体内部の人間関係は「交換」を必要としない。たとえばアントーニオやバサーニオたちのキリスト教徒同志の共同体内では、損得勘定のない「兄弟盟約的関係」が行動原理となる（この兄弟名約的関係をアル・パチーノ主演の二〇〇四年版映画はアントーニオとバサーニオのホモセクシャルの関係に横滑りさせたが、問題のすり替えにすぎない）。一方、シャイロックもまたユダヤ人の共同体に属し、その内部にいるかぎり交換行為は必要ではない。交換行為は異なる共同体間において初めて必要となる。別の言い方をすれば、異なる共同体間では交換行為によってしか人間関係が成立しない。重要なのは、その交換行為が貨幣によって行われることだ。

本作では、アントーニオの仲間・ロレンゾーとシャイロックの娘・ジェシカが恋愛関係になる。二人の関係は異なる共同体をまたいでいるから、この恋愛自体もまた交換行為と言えるだろう。ジェシカは父・シャイロックを欺いてロレンゾーと駆け落ちするのだが、その際父のありったけの金や宝石を持ってヴェニスを出る。ある共同体から別の共同体に資本が運ばれたのだ。恋愛が純粋に無償のものなら、つまり交換行為を必要としないなら（本来そうあるべきだが）、ジェシカがロレンゾーに金品を与える必要はない。あえてそうさせたところに、シェイクスピアのたくらみが見え隠れする。

第五幕第一場、ベルモントまで逃れた二人が月の光のもとで愛を語る場面がある。

ロレンゾー　月が明るく照っている、きっとこんな夜だった、
微風《そよかぜ》が木々に優しいキスをして、
音も立てない、こんな夜、
トロイアの壁を乗り越えて、トロイロスが溜息を
ギリシアに眠るクレシダに
そっと贈った、こんな夜。

ジェシカ　　　　　　　　きっとこんな夜だった。
おずおずと露をまたいでティスベーが
愛しい人が来る前に、獅子の影見て驚いて、
慌てふためき逃げたのは。

ロレンゾー　　　　　　　きっとこんな夜だった、
柳を手に持つディードーが

荒波寄せる磯辺に立って、愛する男がカルターゴーへ
戻って来るように祈ったは。
ジェシカ　　　　きっとこんな夜だった、
老いたアイソーンを若返らそうと
メディアが薬草、集めたは。
ロレンゾー　　　　きっとこんな夜だった。
ジェシカが金持ちユダヤの目を盗み、
ろくでもない恋人とヴェニスを飛び出し、
ベルモントくんだりまで駈け落ちしたのは。
ジェシカ　　　　　　　　　　　　きっとこんな夜だった。
若いロレンゾーが誓いを立てて
娘の心を盗んだが、立てた誓いは
嘘っぱち。
ロレンゾー　きっとこんな夜だった。
かわいいジェシカが、あばずれよろしく
愛する男をなじったが、男は黙って赦してやった。
ジェシカ　こんな夜ごっこなら負けないけど、誰か来たわ。

（河合祥一郎訳『新訳　ヴェニスの商人』以下の引用も同じ。傍線部著者）

ほら、人の足音が。

私は英国で『ヴェニスの商人』を計四度観た。その度に、月光の下でささやきあう恋人たちの場面を、シェイクスピア作品の中で最もロマンチックなものだと感じていた。

しかしそれは大きな勘違いだった。というのも、ロレンゾーとジェシカが自分たちにたとえた過去の恋人たちの恋は、ことごとくうまくいかないのだ。

トロイロスとクレシダはトロイ戦争を時代背景としている。トロイロスはクレシダと一旦は結ばれるが、クレシダの裏切りによって恋破れる。シェイクスピア自身もこのあと問題劇『トロイラスとクレシダ』（一六〇二年）を書くことになる。

ティスベーはギリシャ・ローマ神話の人物である。恋人のピューラモスとは親同士の仲が悪く、二人は駈け落ちをはかるが、行き違いからそれぞれが自殺する。『ロミオとジュリエット』にアイデアを提供し、『夏の夜の夢』（一五九八年以前）の劇中劇にも登場する。

カルターゴー（カルタゴ）の女王ディードーはアイネイアースとの恋に破れて自殺する。

ギリシャ悲劇の代表的主人公でもあるメディアは薬を扱う魔術師で、夫の父・アイソーンを若返らせる秘術を行うが、夫とは別れることになる。

悲恋物語をつらつら語り合ったあげく、ジェシカは自分たちの恋の誓いを「嘘っぱち」だといい、ロレンゾーはジェシカを「あばずれ」という。二人の言語遊戯は使者の登場で中断される。

私が「ロマンチック」だと誤読した月光の下でのやりとりは、実は破局の予兆だった。このあとの成り行きをシェイクスピアは書いていないが、この交換行為がうまくいくはずはない。

ところで『ヴェニスの商人』はアントーニオの次のセリフではじまる。

どうしてこんなに憂鬱なんだろう。
嫌《や》だなあ。君たちも嫌だろうけれど、こんな気分、
どこからもらってきたのか、どこで罹《かか》ったのか、出遭ったのか
なにが原因で、どこから生まれたのか、
見当もつかん

岩井克人はアントーニオの「憂鬱」の正体について諸説を紹介している。しかしシェイクスピアの場合、深読みは禁物だ。文学を解釈するとき、「作者は矛盾していない」「作者はすべてを把握している」というのがまずは基本姿勢だが、それは作品の創作過程にもよる。殴り書きもあったに違いないシェイクスピアの作品と、たとえば推敲を重ねたイプセンの作品を同じ地平で語るのはナンセンスだ。シェイクスピアはそこまで深く考えてはいなかった可能性もある。

それを承知の上で「憂鬱」の正体を私なりに解釈するなら、それは「忍び寄る資本主義」ということではなかろうか。

あらためて『ヴェニスの商人』の筋を追ってみる。

タイトルロールの「ヴェニスの商人」であるアントーニオは、親友バサーニオの求めに応じて金策をする。それは別の共同体に属するシャイロックからの借金だった。シャイロックは、借金が返済で

きない場合アントーニオの胸の肉を一ポンドもらうと条件をつける。アントーニオは少なくとも四艘の貿易船を世界各地に派遣しており、それらが巨万の富を積んで帰還した際には借金は容易に返済できるはずだった。ところがその四艘ともが遭難するという事態が生じる。アントーニオの命は風前の灯となるが、バサーニオの婚約者・ポーシャが男装して名判官ぶりを発揮して問題は収まる。シャイロックの財産はすべてロレンゾーとジェシカが継ぐことになる。そのあと、座礁したはずの四艘のうち三艘が無事戻ってくるというオチがつく。

先に述べたように、共同体内におけるアントーニオの人間関係は交換行為に拠らない兄弟盟約的関係だった。しかしそれを保証しているものは海外の異なる共同体（トリポリ、インド諸島、メキシコ、イングランドなど）との経済活動（交換行為）に他ならない。アントーニオはこのことに気づいていない。それが「憂鬱」の正体なのである。

貨幣は、当人の知らないところで物神性（悪魔性と言ってもよい）を発揮する。それが貨幣の恐ろしいところだ。

元禄歌舞伎と『曾根崎心中』

日本に目を移す。

小説の分野で最初に金（貨幣）を題材にしたのは井原西鶴だろう。しかし貨幣の持つ物神性（悪魔性）について切実に訴えたのは元禄期（元号で貞享・元禄・宝永、一六八四—一七一一年）の歌舞伎だった。

元禄歌舞伎の代表作『けいせい浅間嶽』（一六九八元禄一一年、京・早雲座）を例に取る。金に関わる場面のみ説明する。

諏訪家から追放された家老の和田右衛門（山下半左衛門）は、傾城（高級な遊女）であった三浦（芳沢あやめ）と夫婦になり、おさんという子までなしたが、いまは貧しい借家住まいである。和田右衛門は、主君の音羽の前の許嫁である小笹巴之丞（中村七三郎）が遊里で滞納した借金を返すために刀まで売って金を調達する。それを知った浪人・二階堂兵介（大森辰右衛門）は金を盗む。和田右衛門の娘・おさんがこれに気づくので、兵介はおさんを殺す。借金が返済できなくなったため、三浦は遊里に二度の勤めをすることとなる。

最終的に、巴之丞・和田右衛門・三浦は兵介を討つ。また、おさんは普賢菩薩の霊験によって生き返り、巴之丞と音羽の前は権力を回復して夫婦となる。

元禄歌舞伎の基本的構成は御家騒動である。御家の正統的継承者が悪人によって追放され、過酷な生活を余儀なくされる。しかし忠臣の活躍などによって最終的には地位を回復する。貴種流離譚の江戸時代版だ。

シェイクスピアの『お気に召すまま』（一五九九年）も『シンベリン』（一六一一年）も御家騒動だし、シラー（一七五九―一八〇五年）による反逆精神の所産『群盗』（一七八二年）もハッピーエンドではないが御家騒動と言えなくもない。西洋にも権力闘争の劇は無数に存在する。しかし正統的継承者が失脚し、金ゆえに不遇をかこつ例はそう多くないのではないか。

　元禄歌舞伎には金による苦難が描かれ、その原因は主人公の遊興つまり性愛と緊密に結びついている。主人公の失脚もまた金と性愛が原因である。

　元禄歌舞伎の手法を人形浄瑠璃の世話物に落とし込んだのは近松門左衛門だった。第四章で触れた『曾根崎心中』における金の問題について述べよう。

　平野屋の手代徳兵衛は、堂島新地の遊女・お初と深い仲にある。徳兵衛は主人の内儀の姪との縁談を断ったために、徳兵衛の継母に支払われた持参金の二貫目を返済しなければならなくなる。二貫目はどうにか取り戻したが、それを油屋の九平次にだまし取られる。九平次は二貫目の借用書を徳兵衛に書かせ、紛失したと称する判を捺すことで、逆に徳兵衛を文書を偽造した悪人となじる。これがお初・徳兵衛の心中の直接的原因になる。

　徳兵衛の主人・平野屋には跡継ぎがいなかったと思われる。主人の内儀の姪と結婚することで、徳兵衛の正統的継承者としての地位は保証されたも同然だった。しかしお初の存在が徳兵衛を失脚させ、金の問題が徳兵衛を苦しめるのである。

　近松門左衛門は一一編の心中物を書いているが、心中の原因の多くは金あるいは財産問題である。

『心中二枚絵草紙』（一七〇六宝永三年）　講中の冥加銭
『卯月紅葉』（一七〇六年）　譲り状
『心中重井筒』（一七〇七年）　親の借金

『心中刃は氷の朔日』（一七〇九宝永六年）　不正な取引
『心中万年草』（一七一〇年）　手形の取り違え
『今宮の心中』（一七一一正徳元年）　家質の手形の錯誤
『生玉心中』（一七一五正徳五年）　騙りによる借金と金の紛失

金が心中の原因とならないのは、晩年に書かれた『心中天の網島』（一七二〇享保五年）と『心中宵庚申』（一七二二享保七年）の二作である。第四章に述べたが、この二作と『卯月潤色』だけは古典主義的戯曲構造を採っていない。『卯月潤色』は『卯月紅葉』の後追い心中だから考えに入れないとして、最後の二作で近松は大きく方針転換をしたということができる。少々大げさに言うならば、近松は戯曲構造のしばりや金という題材のしばりから解き放たれて、人間ドラマの域に到達した。

なお、『曾根崎心中』は先行の世話狂言（町人を主人公とした歌舞伎）を下敷きにしている。特に一六九七元禄一〇年に京・都万太夫座で上演された『卯月九日其暁の明星が茶屋』では、金と手紙の錯誤によってすれ違いの悲喜劇が生じる。その手法は近松の心中物にも直接的間接的に参照される。これについては次章で詳述する。

市民悲劇

『曾根崎心中』および先行作としての元禄世話狂言は世界の演劇史上重要な意味を持つ。西洋の「市民悲劇」を先取りしているからだ。

アリストテレス以来、西洋では「悲劇」と「喜劇」を明確に区別する態度が主流だった。悲劇の主人公は神話上・歴史上の高貴な人物でなくてはならない。一方、喜劇では名もなき一般庶民が主人公となる。したがって一般庶民が悲劇の主人公になる悲劇はほとんどなかったと言ってよい。一般庶民を主人公とした悲劇を domestic tragedy という。日本語では「家庭悲劇」と訳されることもあるが、ここでは「市民悲劇」としておく。

一六世紀末から、英国では市民悲劇がいくつか出はじめる。そのほとんどは実際に起こった事件にもとづいた、いわゆる「際物《きわもの》」だった。世間を騒がせた事件をニュースとして伝えるのは、洋の東西を問わず演劇の使命のひとつだ。しかし、悲劇の約束事にのっとって韻文で書かれたところに初期の市民悲劇の問題があった。韻文では事件に至る複雑な経緯を論理的に表現することが難しい。

散文による市民悲劇は、ジョージ・リロ（一六九三―一七三九年）の『ロンドン商人』を待たねばならない。本作は一七三一年六月、ロンドンのドルリー・レーン劇場で初演された。『曾根崎心中』初演の二八年後になる。大いに当たり、初演後の一〇年間で一〇〇回近くも再演された。梗概は次の通りである。

毒婦ミルウッドは、無垢な青年ジョージ・バーンウェルに目をつけ、金を巻き上げようとたくらむ。バーンウェルはミルウッドの家に招待され、その誘惑に屈する。

翌朝家に帰ったバーンウェルは、ミルウッドとの件に加え、外出禁止令を破り主人・サラグッドの信頼を裏切った罪悪感にさいなまれる。その後ミルウッドの訪問をうけたバーンウェルは、もう関わりを持たないと宣言する。するとミルウッドは、二人の逢い引きが見つかり、借家を追い出されようとしているので助けてほしいとうそをつく。バーンウェルはこれに同情し、ミルウッドのために主人・サラグッドから大金を盗む決心をする。

バーンウェルはサラグッドから盗んだ金をミルウッドに与えたあと、同僚トルーマンに自分の罪を告白する書き置きを残して去る。行くあてもなく、ミルウッドに助けを求めるが、金づるを失った人間に興味のないミルウッドはこれを拒む。しかし、バーンウェルに金持ちの叔父がいることに思い当たり、叔父を殺して金を奪うようバーンウェルを誘惑する。バーンウェルは顔を隠し、叔父を刺す。叔父は倒れる瞬間、それと知らずに甥のことを祈るので、バーンウェルは叔父に顔を見せる。叔父はバーンウェルを赦して死ぬ。

バーンウェルは血にまみれたままミルウッドの家に戻る。金を持って来なかったのを知ったミルウッドは、役人を呼びバーンウェルを殺人の罪で逮捕させる。ミルウッドの二人の召使いルーシーとブラントは度重なる主人の悪事に嫌気がさし、主人を逮捕させる。バーンウェルとミルウッドはともに死刑を宣告される。サラグッドとバーンウェルの同僚・トルーマンは監獄を訪れ、バーンウェルを赦し、慰め、魂の救済を願う。バーンウェルは心から罪を悔いる。

『ロンドン商人』初演時、多くの観客が涙したという。勃興しつつあった市民階級（ブルジョアジー）の徳高き生き方の指標が、この劇には示されていたからだ。

『曾根崎心中』の平野屋が甥の徳兵衛を跡継ぎにしようとしていたらしいことはすでに述べた。『ロンドン商人』の主人・サラグッドにも男の跡継ぎがいない。サラグッドは一人娘とバーンウェルを結婚させ、跡を継がせようとしていたようだ。しかし一人前の商人（市民）となるためには「徳」を積まねばならない。このことを正面から説いたのが『ロンドン商人』だった。一方、『曾根崎心中』では「恋」が「徳」を凌駕する。いずれにせよ、金銭の問題が主人公の前にたちはだかったことに変わりはない。

市民悲劇のその後

『ロンドン商人』は英国で大ヒットし、フランス演劇界にも少なからず影響を与えた。しかし悲劇的結末はフランス人の嗜好に合わなかった。これにはいくつかの理由が考えられる。まず単純にハッピーエンドを好んだということ。次に、市民を主人公とした散文の劇は「喜劇」でなければならないということ。さらには、場面と時間が単一でない「悲劇」は約束事から逸脱するということである。あとの二つは、アリストテレスの考えをさらに厳密に法則化したフランスの劇作法を根拠としている。そこで喜劇的要素はなくとも、悲劇的結果だけは避けるお涙頂戴の「催涙喜劇」なるジャンルが成立した。

ドイツのゴットホルト＝エフライム・レッシング（一七二九―八一年）は、フランスの催涙喜劇を友人とともに観た。友人は感動して涙したが、レッシングは「自分ならこれ以上の作品を六週間で書きあげる」と宣言する。はたして六週間後に『ミス・サラ・サンプソン』（一七五五年）は完成した。

放蕩のすえ財産を食い潰したメルフォントは、良家の子女サラをかどわかして駈け落ちする。実は善良な魂を持つメルフォントは、サラには実直であり、サラもメルフォントを好ましく思っている。しかし二人の結婚は前に進まないまま九週間がたった。メルフォントのかつての愛人マーウッドはメルフォントを追って来る。毒婦マーウッドは自らを「メディア」にたとえ、毒薬によってサラを殺す。メルフォントも短剣で自害する。

この作品は「五幕の市民悲劇」と副題されている。悲劇であるにもかかわらず、時・所・筋の三一致（三単一）を破り、喜劇の手法である傍白を多用している点が特徴的だ。この二点は『ロンドン商人』の特徴でもある。ただし、金の問題は主題から後退し、啓蒙主義の時代のキーワードである「徳」が前面に押し出されている。そして「徳」を得るためには悪い女を避けることが共通理解だった。マーウッドという毒婦の名は、一説にコングリーヴの『世の習い』（一七〇〇年）から採ったとするが、『ロンドン商人』のミルウッドを利かせているとみたい。毒婦ではないが、シラーの市民悲劇『たくみと恋』（一七八四年）に登場する領主の愛妾・ミルフォードしかりである。

ちなみにフランスのルイ＝セバスチャン・メルシエは『ロンドン商人』を催涙喜劇に翻案した『ジェンヌヴァルあるいはフランスのバルヌヴェルト』を一七六九年に発表している。バルヌヴェルトはバーンウェルのフランス語読みである。『ロンドン商人』の影響はまだ続いていた。

『ロンドン商人』から一〇〇年以上後に書かれたチャールズ・ディケンズ（一八一二―七〇年）の小説『大いなる遺産 *Great Expectations*』（一八六〇―六一年）には、次のような場面が出てくる。

わたしが浮かぬ顔をして商店の窓をのぞき、もし自分が紳士だったら何を買うだろうかなどと考えながら、大通りをぶらぶら歩いているとき、思いがけなくウォプスルさんが、ひょっこり本屋から出て来た。ウォプスルさんは、「ジョージ・バーンウェル」の感傷的な悲劇を手にしていた。いまからいっしょに茶を飲むことになっているパンブルチュックの頭上に、この悲劇のなかの文句をひとつのこらずつみ上げてやろうという腹で、たったいま六ペンスの金をはりこんだところだった。

（山西英一訳『大いなる遺産』）

このあと主人公の「わたし」ことピップ少年は、義理の叔父パンブルチュックとともに教会の書記ウォプスルさんご自慢の朗読を長々と聞かされる羽目になる。ピップには父も母もなく、唯一の身内である姉とその夫・鍛冶屋のジョー・ガージャリとともに暮らしている。ウォプスルさんが朗読する間、鍛冶屋の「徒弟」であるピップの境遇は、やはり商人の「徒弟」であるジョージ・バーンウェルのそれと重ね合わされ、金と女のために殺人を犯したバーンウェルの罪が、まるでピップ自身の罪であるかのように錯覚される。長い朗読が終わると、パンブルチュックまでが、お前が罪を犯したのだと言わんばかりにピップをにらみつけ、「これにこりるんだ。いいか、これにこりるんだぞ！」と言うのだった。

言うまでもないが、ウォプスルさんが朗読した「『ジョージ・バーンウェル』の感傷的な悲劇」こそ、『ロンドン商人』である。

ディケンズが挿話として『ロンドン商人』を選んだのは偶然ではあるまい。無垢な少年ピップには、悪い女に唆され主人の金を盗み叔父を殺してしまうジョージ・バーンウェルの危うさがつきまとう。それゆえなおさら急転するハッピーエンドが、悲劇的結末をも覚悟していた読者に強い感動を与える。

なお、『大いなる遺産』が書かれた一九世紀の英国には、傾向の異なる喜劇、ファルス（笑劇）、メロドラマが生まれた。その中で、エドワード・ブルワー＝リットン（一八〇三―七三年）の喜劇『マネー *Money*』（一八四〇年）が執拗に金に言及した作品として異彩を放っていることを述べておこう。

『マネー』は翻案されて河竹黙阿弥作の歌舞伎『人間万事金《かねの》世中《よのなか》』（一八七九年）となった。明治の新しい風俗を描いたいわゆる「散切物《ざんぎりもの》」であり、翻案劇の早い例でもある。

『仮名手本忠臣蔵』の隠れたテーマ

ふたたび日本に目を向けよう。

一七〇一年三月一四日、赤穂の領主・浅野内匠頭は吉良上野介になんらかの恨みを抱いており、江戸城松之廊下で吉良に斬りかかった。原因はわからない。「わからない」では困るので、映画やドラマでは、浅野が賄賂を払わなかったため吉良が浅野につらくあたったということになっている。

赤穂事件を劇化した決定版である『仮名手本忠臣蔵』では、少し複雑な手続きを踏んで刃傷に至る。高師直（実説の吉良上野介）のいじめの対象は当初は桃井若狭之助《もものいわかさ》（伊達左京亮）だった。度重なるいじめに対して堪忍袋の緒が切れた若狭之助は、師直を討つ計画を家老の加古川本蔵《かこがわほんぞう》に明かす。本蔵は止めるどころか「どうぞ斬りなさい」とけしかける。しかしそれはいつわりで、若狭之助の寝入ったすきに本蔵は師直のもとに駆けつけ、莫大な賄賂を贈るのである。賄賂のおかげで師直の若狭之助への態度は軟化し、矛先は塩谷判官（浅野内匠頭）に向かう。そして殿中松之廊下の刃傷となる。

加古川本蔵が高師直に賄賂を贈る場面は「忠臣蔵」全一一段中の三段目冒頭だが、浄瑠璃の本文は次のようになっている。

金で面《つら》はる算用に。主人の命も買うて取る。二一天作そろばんの。桁をちがへぬ白鼠。忠義忠臣忠孝の。道は一筋真つ直《すぐ》に　うち連れ御門に入りにける。

本蔵は金で師直の面を張り、主人・若狭之助の命を買った。ひたすら「忠義忠臣忠孝」の一筋道を行くように見える本蔵だが、その姿は「チュウチュウチュウチュウ」と鳴く白鼠のように計算高い。ここに「忠義は金で買える」という作者のメッセージが隠されている。

このメッセージは五段目・六段目になるとより明確に表れてくる。

主君・塩冶判官が高師直に刃傷に及んでいるそのとき、早野勘平は腰元お軽と逢い引きをしていた。勘平はひとまずお軽の実家に身を寄せる（三段目）。五段目、いまは猟師となった勘平は、夜の山崎街道でかつての同胞・千崎弥五郎と偶然出会う。千崎は御用金を払えば（つまり討ち入りの資金援助をすれば）勘平を一味に加えることができると言う。

一方、お軽は勘平を世に出すため、夫に内緒で京都の祇園町に身売りをすることにした。お軽の父・与市兵衛は祇園町まで出向いて話をつけ、身売りの半金五〇両を持って帰路を急ぐ。やはり夜の山崎街道。与市兵衛は山賊となった斧定九郎に金を奪われて殺される。一方、千崎弥五郎と別れた勘平は、猪とまちがえて定九郎を鉄砲で撃つ。人を殺してしまったことに気づくが、懐の大金に気づき、これを持って千崎の元へ急ぐ。

六段目、勘平が帰宅してみると、祇園の一文字屋がお軽の身柄を引き取りに来ていた。与市兵衛は帰ってこない。勘平は一文字屋とのやりとりから、自分が与市兵衛殺しの犯人だと思い込む。お軽は祇園町に引き取られて行き、勘平は腹を切って果てる。そのあと、勘平が殺したのは与市兵衛ではなく定九郎であったと知れる。結果的に、勘平は親の敵を打って金を取り戻したことになる。勘平は敵討の連判状にその名を加えられる。

与市兵衛を殺す際、定九郎は「オオいとしや。痛かろけれど　おれに恨みはないぞや。金がありゃこそ殺せ。金がなけりやなんのいの。金が敵《かたき》ぢやいとしぼや」と言う。この世は金がすべてだという定九郎の考えはあさましい。しかし実は五段目・六段目の登場人物全員が、いかなる問題も金で片が付くと考えているのだ。忠義さえ金で買えると、誰もが信じて疑わない。五段目・六段目には「金」という字が討ち入りの人数と同じ四七回出てくる。作者の確信的仕業だ。

『仮名手本忠臣蔵』の表向きのテーマである「忠」は、日本人の精神史に深く根をおろした。しかし裏のテーマ（あるいは真のテーマと言ってもいい）が、「金」であることは記憶しておいてよい。そして金の問題は、江戸時代を通して日本の戯曲から離れることがない。

ふたたび忍び寄る資本主義～『桜の園』～

第四章で述べたように、アントン・チェーホフの『かもめ』は一八九八年にモスクワ芸術座で上演され、近代演劇の金字塔となった。その後『ワーニャ伯父さん』（一八九九年）、『三人姉妹』（一九〇一年）、『桜の園』（一九〇四年）と、モスクワ芸術座はチェーホフの「四大戯曲」を上演する。『桜の園』はチェーホフの最後の作品となった。

パリから五年ぶりに戻って来た女領主ラネーフスカヤは、家の財産が逼迫していることを知らされる。領地の象徴である桜の園をはじめ一切が競売にかけられることが決まったのだ。かつてはこの家の農奴の子であり、いまは資本家となったロパーヒンは、桜の園と領地の一部を別荘地として貸し出せば家は安泰だと説く。しかしラネーフスカヤには家の危機が実感できないらしく、浪費癖はなおらない。ラネーフスカヤの兄・ガーエフにいたっては、ロパーヒンを「下司」「強欲」などと毛嫌いして耳を貸そうとしない。ロパーヒンとラネーフスカヤ、ガーエフ兄妹のディスコミュニケーションは次のやりとりをみれば明らかだろう。

ロパーヒン　失礼ですが、あなたがたのような無分別な、世事にうとい、奇怪千万な人間にゃ、まだお目にかかったことがありません。ちゃんとロシア語で、お宅の領地が売りに出ていると申しあげているのに、どうもおわかりにならんようだ。

ラネーフスカヤ　一体どうしろと仰《おっ》しゃるの？　教えてちょうだい、どうすればいいの？

ロパーヒン　だから毎日、お教えしているじゃありませんか。毎日毎日、ひとつ事ばかり申しあげていますよ。桜の園も、宅地も何も、別荘地として貸しに出さなければならん、それを今すぐ、一刻も早くしなければならん、――競売はつい鼻の先へ迫っている、とね！　いいですか！　別荘にするという最後の肚をきめさえすれば、金は幾らでも出す人があります、それであなたがたは安泰なんです。

ラネーフスカヤ　別荘、別荘客――俗悪だわねえ、失礼だけど。

ガーエフ　わたしも全然同感だ。

ロパーヒン　わたしはワァッと泣きだすか、どなりだすか、それとも卒倒するかだ。とても堪らん！　あなたがたのおかげで、くたくたです！　（神西清訳『桜の園』）

そして状況が変わらないまま競売の日が来た。ガーエフとともに競売から帰ったロパーヒンは、桜の園は自分が買ったという。ガーエフはうちしおれているが、どこからか玉突きの音が聞こえると、そそくさと玉突きの準備を始める。ラネーフスカヤはただはげしく泣くばかりだ。しかしなぜこんな結果になったのか、その因果関係についてはまるで理解していない。

ラネーフスカヤもガーエフも、時代の動きにうとい愚かな人間である。しかし同時代の旧領主層も同様の愚かさをもっていたのではなかろうか。

私はかつて、チェーホフの作品を上演しようとする劇団の話を台本に書き、上演したことがある。二〇〇七年のことだ。その中で、劇団員（役者2・役者3）が、領地を失うことがわかっていながらなにもしないラネーフスカヤを「バカ」だという場面がある。これに対して別の劇団員（役者1）が次のようにセリフを言い換えてみせる。

役者1（ロパーヒン）　奥さま、あなたの会社はＴＯＢの危険にさらされています。私のアドバイスを聞きなさい。

役者2（ガーエフ）　失礼だが、ばかばかしい話だな！

役者3（ラネーフスカヤ）　私にはさっぱりわからないわ、ロパーヒンさん。

役者1　失礼ながら、あなたがたのようにいいかげんな、世事にうとい、不可思議な人たちにはお目にかかったことがない。わかりやすいことばで、お宅の会社がＴＯＢの危険にさらされている、と申し上げているのに、さっぱりおわかりにならないらしい。私はあなたの味方です。ホワイト・ナイトですよ。

役者3　さっぱりわけがわからないわ。ＴＯＢとかホワイト・ナイトとか。

役者2　ホワイト・ナイトは白夜ということだな。

役者1　白馬の騎士だよ、バカ！

役者3　なおわからないわ。

役者2　全然わからない。

役者1　新聞に載ってるじゃない。みんな知ってるじゃない。ホリエモンとか、村上ファンドとか……

役者2　ああ、それか。

役者1　だから奥さま、ＴＯＢからあなたの会社を守るために、私が手助けをしましょうと申し上げているのです。
役者3　やっぱりわからない。ＴＯＢって何の略？
役者1　テイクオーバー・ビッド。敵対的株式公開買い付け。
役者3　だから、なおわからないわ。
役者2　全然わからない。
役者1　な、わからないだろ？　「ＴＯＢ」だって「別荘地」だって理屈は同じなんだよ。

これを上演した当時、世間はフジテレビや阪神が買収される話でもちきりだった。世間の誰がこのような状況を予想しただろう。旧い人種には新しい人種の思考が理解できない。

ところで新しい人種の代表であるロパーヒンだが、彼がどのようにして成り上がったかは詳しく示されていない。千ヘクタールの土地にケシを播いて四万ルーブリの純益をあげたことだけはわかっている。麻酔薬として売ったのか、はたまた麻薬の商人か、いずれにせよかなり手荒い方法で、ロシアのブルジョアジー社会に参入したことは容易に想像できる。また、ラネーフスカヤから借金ばかりしていた小地主のピーチシクは、イギリス人が自分の土地から「古い粘土」（「白い粘土」とも）を発見し、その土地を向こう二四年貸し出すことで大金を得ることになる。粘土の正体は不明だが、それは貨幣を生み出すことになった。

『桜の園』は、新しい時代に対応できず迷走する人たちを描く喜劇である。あるいは笑劇（ファルス）である。ただしこの件は次章で述べることにする。ここでは、本作が忍び寄る資本主義の物語であることを確認しておく。

『桜の園』は金を扱った作品としては演劇史上の下限におくべきかもしれない。チェーホフに先立つイプセンの『人形の家』は、ノーラの金策問題が引き金になっているが、テーマではない。環境問題（『民衆の敵』）、性病や遺伝の問題（『幽霊』）など、イプセンの視線は当初社会問題に向けられていた。二〇世紀も前半から半ばにさしかかると、劇作家は金を問題にしなくなる。世間が資本主義を自明のものとしたこともあろう。ルイジ・ピランデルロ（一八六七―一九三六年）やサミュエル・ベケット（一九〇六―八九年）、ウジェーヌ・イヨネスコ（一九〇九―九四年）になると、興味は劇構造そのものに向けられていく。

しかし資本主義そのものに疑問が呈されているいま、金の問題は新たなかたちでドラマの前面に浮上してくるかもしれない。

〈参考文献〉

岩井克人『ヴェニスの商人の資本論』ちくま学芸文庫、一九九二年
岩井眞實「近松の世話物と西洋の市民悲劇」『東アジア古典演劇の伝統と近代』勉誠出版、二〇一九年
岩井眞實『伝統演劇の破壊者　川上音二郎』海鳥社、二〇二三年

〈テキスト〉

長友千代治校注『仮名手本忠臣蔵』（『浄瑠璃集』新編日本古典文学全集、小学館、二〇〇二年）
シェイクスピア作、河合祥一郎訳『新訳　ヴェニスの商人』角川文庫、二〇〇五年
アントン・チェーホフ作、神西清訳『桜の園・三人姉妹』新潮文庫、一九六七年
ジョージ・リロ作、安田比呂志訳『ロンドン商人』（『ベスト・プレイズⅡ　西洋古典戯曲13選』西洋比較演劇研究会編、論創社、二〇二〇年）
チャールズ・ディケンズ作、山西英一訳『大いなる遺産』上下、新潮文庫、一九五一年

コラム⑦ 頭が真っ白になるということ

某ミュージシャンが、ライブで頭が真っ白になることがときどきあると話していた。何百回、何千回も歌った歌詞が、突然出てこなくなるのだというのだ。

「この感覚はわれわれプロじゃないとわからないでしょうね」

彼はそう言った。しかし私にはわかる。

なぜ頭が真っ白になるのか。何百回、何千回と歌ったからこそそうなるのだ。反復を繰り返すからこそ、歌っているときの状態が身体に擦り込まれる。そして曲が始まると自動的にその状態になる。ところが、「今日は○○さんが客席にいる」とか「今回は○○回記念のコンサートだ」とか、あるいは「楽屋で食べた弁当はうまかった」などという、本番ならではの雑念がふと浮かぶと、身体は変調をきたす。入れこみ過ぎるのはもっと危険だ。

私は十数年間、福岡でアマチュア劇団をやってきた。何度も舞台に立った。私自身は本番中頭が真っ白になったことはないが、目の前で役者がそういう状態になるのを何度となく見た。稽古不足が原因ではけっしてない。むしろ稽古を十分すぎるほどやった結果だ。しかし本番には魔物がいる。他のことを考えてしまったときだけでなく、役になりきりすぎたときにもそれは起こる。だから一〇〇パーセント役に没入してはいけない。「離見《りけん》の見《けん》」を唱えた世阿弥はさすがだ。

ちなみに、本番は稽古通りにやらなければならないと、私は考えている。本番は特別だなどと考えてはいけない。それでもハプニングは起きる。それが本番の醍醐味だと思う。特に、誰かが目の前でセリフを飛ばしたり忘れたりしたとき、とっさの機転でこれをおさめるのが、役者としては一番おいしい。

しかし最高の境地は、ちぎって投げるように演じて気がついたら終わっていた、という状態だろう。やり足りないぐらいがちょうどいい。俳優が気持ちよく演じるとき、観客は気持ち悪いものだ。

第八章　笑い

二つの「喜劇」あるいは「笑い」

一九九八年度、私はロンドン大学の客員研究員として英国に滞在した。一年間で延べ八〇本ほどの演劇を観た。印象に残る舞台は沢山あるが、ここではトム・ストッパード（一九三七―）作『本当のハウンド警部 *The Real Inspector Hound*』（一九六八年）とピーター・シェーファー（一九二六―二〇一六年）作『ブラック・コメディ *Black Comedy*』（一九六五年）の二本立てについて述べたい（演劇の二本立ては珍しい）。劇場はレスター・スクエア近くの、その名も「コメディー・シアター」（現在は「ハロルド・ピンター・シアター」となっている）。

『ハウンド警部』はアガサ・クリスティ（一八九〇―一九七六年）作の推理劇『ねずみとり *The Mousetrap*』（一九五二年）を裏返したような劇だ。『ねずみとり』的状況を演じる登場人物たち（あるいは俳優たち）と、それを観る劇評家の境目が最後には取り払われ、二つの空間が融合してしまうという不条理劇だ。ナンセンス劇と言ってもよい。一方、『ブラック・コメディ』はその名の通りブラックアウト（暗転）を効果的に使った劇である。私にとっては前者が圧倒的に面白かったのだが、観客の大方は後者を支持したようだった。

後者について少し説明する。この劇は、停電によって起こるすれ違いの喜劇を描いている。停電で暗くなったとき舞台の照明はオンになり、逆に電気が通じたときオフ（暗転）になる。まるで歌舞伎の「だんまり」（暗闘）の場面で、逆に舞台全体がひときわ明るくなるようなものだ。その逆転の発想が面白いだけでなく、オンとオフの切り替えが実によく計算されていた。

にもかかわらず、私は『ハウンド警部』の方が大いに気に入った。結局この二本立てには三度足を運ぶことになる。

当時、学習院大学の教授であった松島正一先生（第二章でご著書を引用した）も英国に滞在しておられ、親しくしていただいた。この件、つまり『ハウンド警部』の方が面白かったことを話すと、松島先生も観ておられたようで、「そりゃそうでしょう。『ブラック・コメディ』の方は単なるスラップスティックだからね」という言葉が返ってきた。「スラップスティック」には「ドタバタ」「即興」の語感があるが、この解釈に疑問を持っていた私はハタと手を打った。そういえば喜劇や笑いに造詣の深い作家・小林信彦も、スラップスティックを計算された劇と定義していたと記憶している。「スラップスティック」は道化の叩き棒の意だが、進化すると即興を許さない笑いの劇となる。そこでここでは「スラップスティック」を「緊密な構成と周到な打ち合わせによるすれ違いの劇」と私なりに定義しておこう。

「笑い」には、「スラップスティック」と「ナンセンス」という二つの核がある。

これが私のたどり着いた結論である。ただしこの二つの核は、「喜劇」のそれではない。「喜劇」には笑いを誘うものだけでなく、催涙喜劇のように真面目なものがある。前章でみたところだ。結局「悲劇」と「喜劇」を分けるのは結末だと極論してよい。

喜志哲雄『喜劇の手法』は、「喜劇」の「手法」を二三種に分類した上で「喜劇的効果とは笑いである」とした。二三種の中の一手法として「スラップスティック」がある。喜志はこれを「不条理な状況を扱った笑劇」と定義する。私は「喜劇」と「笑い」は別の次元に属するという立場をとる。つまり「笑い」のない「喜劇」も立派に成立すると考えるので、「喜劇的効果」の定義には、にわかには賛同できない。また、その定義を前提とする二三種の分類にも従わない。本章で定義する「スラップスティック」は、喜志の挙げた残りの二二種の手法をほとんど包含すると考えるからだ。

そして、「喜劇」の「手法」の外にあるのが「ナンセンス」だ。これは「手法」化することができない。

スラップスティックとしての『卯月九日其暁の明星が茶屋』

日本にもスラップスティックはある。それはシェイクスピアより約一〇〇年後、イタリア喜劇を再構築したカルロ・ゴルドーニ（一七〇七―九三年）より約五〇年前に生まれた。西洋演劇の影響をまったく受けない日本のスラップスティックが、この時点でかなり高い到達点を示していたことは注目すべきだろう。

その作品は『卯月九日其暁《うづきここのかそのあかつき》の明星《みょうじょう》が茶屋《ちゃや》』という。一六九七元禄一〇年五月、京・都万太夫座で上演された世話狂言（町人を主人公とした歌舞伎）である。前章で少し触れたが、近松門左衛門の『曾根崎心中』の成立にも影響を与えている。というより下敷きになった作品と言った方が正確だろう。本作は、世界の演劇史の中で市民悲劇 domestic tragedy の先駆と位置づけることができるのだ。やはり「金」が重要な要素なのだが、ここではそのスラップスティック的手法について述べる。

『明星が茶屋』は実際に伊勢で起きた殺人事件を短い歌舞伎劇に仕組んだもので、結末から言えば喜劇ではない。しかし何度も述べる通り、悲劇と喜劇の区別は戯曲の手法と本質的に関係していない。

『明星が茶屋』の筋をまずは説明する。

伊勢松坂干鰯《ほしか》問屋。小歩き（使い走りをする者）の太郎三《たろうざ》が連れてきた木綿問屋六兵衛の手代は、今晩の伊勢講（伊勢神宮に参るため、あるいは太々神楽を奉納するための資金を積み立てる懇親団体）の銭箱を干鰯問屋の主人・弥三兵衛《やそべえ》（金子吉左衛門）に託す。弥三兵衛は銭箱の鍵を鼻紙袋にしまう。大坂介十郎は、明星が茶屋秋田屋の養子娘・およしから託されて、手代九右衛門（坂田藤十郎）への手紙を持って来る。弥三兵衛はこれを預かり、やはり鼻紙袋に入れる。弥三兵衛は介十郎を奥座敷へ通し、自分は風呂に入る。

手代・十左衛門（三笠城右衛門）は風呂に入っている弥三兵衛の鼻紙袋から鍵を抜き出し、銭箱から金七両を盗む。これを小歩き太郎三に見つかり、二両の口止め料を渡す。

手代・九右衛門は出先から帰り、およしの手紙が弥三兵衛の鼻紙袋にあると聞く。九右衛門はおよしと夫婦になって明星が茶屋の亭主になる約束をひそかにしていた。他人に知られてはならないので、九右衛門は主人の鼻紙袋から手紙を抜き取る。それを十左衛門に見つけられ、九右衛門は「この鼻紙入れにつきいかようの事出来つかまつりそうろうとも、我ら罷出《まかりいで》申し分けいたしべくそうろう」との手形を書かされる。

秋田屋後家は、およしを養子娘に抱えるとき弥三兵衛から借りた五両を返しに来る。十左衛門は、その金は九右衛門が銭箱から盗んだものだと言って九右衛門に書かせた手形を見せる。それは昨日九右衛門に都合してもらった金であったから、後家は十左衛門の言葉を信じてしまう。十左衛門は、その金を使うと同罪だと威し、自分が秋田屋の婿になる契約をとりつけ、返済はこの金でせよと盗んだ五両を渡す。

木綿問屋六兵衛は、伊勢講の金の算用にくるが、銭箱に金がないので詮議となる。十左衛門は手形を証拠に九右衛門に罪を着せる。

弥三兵衛は九右衛門に暇を言い渡す。九右衛門は十左衛門に打ってかかるが、逆に店の者共にさんざんに踏まれる。店の娘おさんは、九右衛門を籠に乗せて落としてやる。

以上が第一場「伊勢松坂干鰯問屋の場」で、次の「明星が茶屋の場」ではふとした行き違いから九右衛門がおよしを殺してしまう。実際に伊勢で起きた事件を脚色したので結末は変えようがないが、この制約さえ取り払えば本作は「喜劇」（ハッピーエンドの劇）にもなり得た。近松門左衛門の世話物もその多くは実説をもとにしているから、結末ありきである。繰り返すが、悲劇と喜劇の違いは結末で決まる。

それはともかく、『明星が茶屋』には鼻紙袋の中身の錯誤（手紙と銭箱の鍵）、十左衛門の書いた手形の悪用、二つの五両といった、すれ違いの趣向が仕組まれている。

ここで元禄期の歌舞伎の舞台について説明をしておきたい。当時は引き幕がなかったので、幕を引いて舞台装置を換えることができなかった。そのため舞台装置は比較的簡素で、観客の目の前で俳優、特に道外方《どうけがた》によって転換されたと考えられる。装置を変えるとき、舞台にいる人物は全員一旦退場するので、観客は次の場面が来ることを知る。場面の換わり目には、付舞台《つけぶたい》という客席に張り出した舞台での演技で間をつないだ。装置を転換しない場合でも、人物は頻繁に登場・退場をして場面をさらに細かく切り取る。元禄期の演劇では、登場・退場ということが非常に重要な意味を持つ。シェイクスピアの場面の切り取り方も同様の方法で行われたのは興味深い。

登場・退場が頻繁に行われる結果、いま舞台上にいる人物の行為を、いない人物は知らないという現象が起きる。すべてを知るのは観客のみである。たとえば鼻紙袋に銭箱の鍵と手紙の両方が入っていることは観客しか知らない。あるいは十左衛門が九右衛門に書かされた手形の文言が何を意味するか、十左衛門と観客が知るのみだ。このように、登場人物間、あるいは登場人物と観客との情報量の差を利用するのが「緊密な構成と周到な打ち合わせによるすれ違いの劇」すなわちスラップスティックだ。

『明星が茶屋』は主人公（九右衛門）が悪人（十左衛門）によって失脚する劇で、元禄歌舞伎の常套である御家騒動の構造を、短い世話物に落とし込んだのである。そしてこれをさらに長い御家騒動物の一場面に挿入したのが、同じ京・都万太夫座の『けいせい江戸桜』（一六九八元禄一一年）および『けいせい富士見る里』（一七〇一元禄一四年）だ。また『富士見る里』に出演していた生嶋新五郎が江戸に戻ったあと山村座で上演した『傾城《けいせい》顧《みかえり》本尊《ほんぞん》』（一七〇七宝永四年）にも同工の趣向が見える。『明星が茶屋』の技法は、少しずつ改良されながら踏襲されたのだ。

『明星が茶屋』の事実上の作者は、道外方で作者も兼ねた金子吉左衛門だと考えられる。このとき近松門左衛門も都万太夫座に歌舞伎狂言作者として所属していた。そして近松は浄瑠璃作者に転身したあと『明星が茶屋』のアイデアを部分的に人形浄瑠璃『曾根崎心中』（一七〇三元禄一六年）に取り込む。お初・徳兵衛の心中事件が起きたのは同年四月七日、『曾根崎心中』の初日はちょうど一ヶ月後の五月七日。すさまじい速書きだが、すでに近松の中には『明星が茶屋』から学んだスラップスティック的腹案があったに違いない。それをお初・徳兵衛の事件に応用したのだ。誤解を恐れずに言えば、『曾根崎心中』の構想は実際の心中事件以前に完成していた。なお、『曾根崎心中』に続く心中物『心中二枚絵草紙』（一七〇六宝永三年）は、『明星が茶屋』のより直接的な引用だ。

ただしスラップスティックの欠点は、同じ手法が何度も通用しない点にある。都万太夫座は三、四作でこの手法を手放し、浄瑠璃作者に転身した近松門左衛門も『心中二枚絵草紙』を頂点として複雑な小道具による錯誤の趣向を差し控えるようになる。

『まじめが肝心』のナンセンス

つげ義春の『ねじ式』（一九六八昭和四三年）は前衛漫画の金字塔である。こう言っても現在では知らない人の方が圧倒的に多いと思うが。前衛あるいは不条理を漫画の世界で実現したつげ義春の名前は記憶しておいてよい。

『ねじ式』は、鉢の開いた頭の少年が、左腕をおさえて海から上がってくる一コマから始まる。少年は言う。

まさか　こんな所に　メメクラゲが　いるとは　思わなかった
ぼくは　たまたま　この海辺に　泳ぎに来て
メメクラゲに　左腕を噛まれて　しまったのだ

少年は「メメクラゲ」によって切断された左腕の静脈を治療するため、医者を求めて海辺の村をさまよう。少年が探しているのはなぜか産婦人科の女医だ。それが少年にとっての絶対条件で、ビルの一室で開業していたらなお好都合だという。訪ね歩いた末にようやく女医に遭遇し、少年は性夢のような治療を体験する。手術（少年によると「シリツ」）は成功し、左腕にはねじが取り付けられた。最後の一コマで、モーターボートに乗った少年は左上腕を見せてこう言う。

そういうわけで　このねじを　締めると
ぼくの左腕は　しびれるように　なったのです

それまでリアルなタッチで旅情あふれる世界を描いていたつげは、まったく作風の違う『ねじ式』

で一躍話題の漫画家となった。当時様々な学問分野からの批評が試みられたようだが、どれも的を射ていなかった。『ねじ式』は、仕事にも生活にも窮していたつげが、せっぱ詰まって自暴自棄で書いた漫画だったからだ。作中に頻出する、というより全編に流れる不条理でナンセンスな少年の体験は、自暴自棄のなす業といっても過言ではない。「××クラゲ」と書いた原稿は、校正で「メメクラゲ」となって戻って来た。しかしつげは訂正しなかった。どちらでもよかったのだ。

せっぱ詰まれば詰まるほど、ものを創る人間の頭は冴えに冴えるものかもしれない。こうして傑作は誕生する。

オスカー・ワイルド（一八五四―一九〇〇年）の最高傑作『まじめが肝心 *The Importance of Being Earnest*』（一八九五年）が生まれた状況も、どこか『ねじ式』に似ている。

詩人・劇作家として天才の誉れ高く、かつ社交界の花形であったオスカー・ワイルドは、一年前から浪費癖ゆえの借金苦に悩まされていた。恋人のアルフレッド・ダグラス卿（男性）の度重なるわがままにも翻弄される。アルフレッドとの交際が始まったころからワイルドの借金苦は顕著になるから、この二つには当然因果関係がある。当時同性愛は犯罪だった。そのためアルフレッドをかばう父親のクイーンズベリー侯爵ジョン・ダグラスからは嫌がらせを受けた。

金に窮したワイルドは『まじめが肝心』の構想をセント・ジェイムズ劇場のアクター・マネージャーのジョージ・アレクサンダーに売り込む。アクター・マネージャというのは、俳優でありながら劇場と劇場付きの劇団を所有し、経営権をも有する絶対的権力者である。細かい経緯はここでは省くが、結果的に『原・まじめが肝心』のセント・ジェイムズ劇場での上演が決まった。いま「原」と付けたのは、本作は当初四幕物で、タイトルも異なっていたからだ。それをアレクサンダーが三幕にするよう要求してきた。これが一八九五年一月の稽古中のことで、初演が二月一四日だから、ワイルドは異常な速さで台本を書きなおしたことになる。

はたして『まじめが肝心』は大成功をおさめた。同年一月からワイルドの『理想の夫 *An Ideal Husband*』もヘイマーケット劇場で上演されていたから、ワイルドの劇作家としてのキャリアは頂点に達したといえよう。しかしその後、クイーンズベリー侯爵との訴訟に敗れ、同性愛を理由に投獄され、破産宣告を受けるなど、ワイルドの人生は一気に転落に向かう。結局『まじめが肝心』はワイルドの最後の戯曲となった。

ワイルドの人生がどうであれ、人格がどうであれ、作品の価値は変わらない。まずは梗概を記す。

主人公のジャック・ワージングは、赤子のとき手提げ鞄の中に入れられてビクトリア駅に置き忘れられた。慈悲深いトマス・カーデューという老人に拾われ、トマス氏亡きあと孫娘のセシリーの後見人におさまり、田舎に住んでいる。ジャックは田舎では本名を名乗って「まじめ」を装っているが、ロンドンでは「アーネスト」という偽名を使って放蕩に耽る。アーネストは田舎ではジャックの出来の悪い架空の弟の名前でもある。一方、ジャックの友人アルジャノン・モンクリーフはロンドンに住んでいるが、都会での生活に飽きると「バンベリー」という架空の友人の病気の世話をしに田舎に出かける。ジャックもアルジャノンも二重生活をしているのだ。

ジャックはアルジャノンの従妹・グウェンドレンとの結婚を望んでいるが、グウェンドレンは「アーネスト」という名前の男性でなければいやだという。ジャックは「アーネスト」と名乗っているが、本名はジャックだ。これがばれると結婚は無に帰してしまう。また、グウェンドレンの母親・ブラックネル卿夫人が、捨て子というジャックの出自を知って結婚に反対しているのも障害となる。

一方、セシリーという娘に興味を持ったアルジャノンは、ジャックの架空の弟アーネストに扮して田舎を訪れる。セシリーもかねてから「アーネスト」という名前の男性との結婚を熱望していた。セシリーは「アーネスト」と名乗るアルジャノンの求婚を受け入れる。

しかし、ジャックが帰って来て弟のアーネストは死んだと告げる。また、従妹のグウェンドレンによってアルジャノンの嘘は露顕する。さらに「アーネスト」がジャックの仮名だということがグウェンドレンに知れ、この婚約も難しくなる。

ここに突発的な状況が発生する。ギリシャ劇でいう「デウス・エクス・マキナ（機械仕掛けの神）」さながら、出口の見えない状況を一気に解決してくれる「神」が現れるのだ。それはセシリーの家庭教師・プリズム女史である。プリズム女史は、かつてブラックネル卿夫人のもとで働いていた。実は赤子を手提げ鞄に入れてビクトリア駅に置き忘れたのはプリズムだった。プリズムの供述により、ジャックはアルジャノンの実の兄だということがわかる。さらに、ジャックの洗礼名が「アーネスト」だということも明らかになる。ジャックは「アーネスト」という名の男性を望んでいたグウェンドレンと婚約し、アルジャノンもセシリーと婚約することになる。

『まじめが肝心』は、英国の伝統的風習喜劇の流れに棹さしている。風習喜劇では、上流階級における結婚をめぐる男女のかけひきがテーマとなる。そして男女のかけひきは、機知に富んだ対話と、ときおり挿入される警句によって構成される。しかしその背後には、批判精神であるとか、ある種の感傷とか、何かしら「まじめ」なものがちらつく。しかし『まじめが肝心』にはその「まじめ」さがない。いくつかのセリフを挙げておこう。

・アルジャノン　おい君、君がグウェンドレンといちゃつくさまときたら、まったくもって見ちゃおれんからなあ。グウェンドレンが君といちゃつくのと、いい勝負さ。（第一幕）

・セシリー　〔日記を見せてくれというアルジャノンに〕あら、だめよ。〔日記を手で蔽う〕だってねえ、これはただ、ごく若い娘が自分の考えや印象を記録しただけのもので、だから出版するつもりなの。（第二幕）

・セシリー　〔…〕チャジュブル先生、たいへんな学者なのよ。一冊も本をお書きになったことがないの、ですから、どんなに学問がおありか想像できるでしょ。（第二幕）

・グウェンドレン　〔…〕あたし、旅行するときはかならず日記をもってゆくのよ。車中なにか扇情的な読みものが必要だもん。（第二幕）

・ブラックネル卿夫人　〔…〕三十五というのは、とても魅力的な年齢ですよ。ロンドンの社交界にはね、ごく高い生れのかたで、ご自分から好きこのんで、長いあいだ三十五で通してらっしゃるご婦人がいっぱいいらっしゃいますもの。ダンブルトンの奥さまなんかそのいい実例で

すわ。わたくしの知るかぎり、あのかたは四十の年におなりになってからずっと三十五でして
ね、その四十におなりになったのもね、もうずっと前のことですけれど。（第三幕）

本作は全編がこのようなナンセンスなセリフで構成されている。そしてこれらのセリフに対し、受け手は漫才でいうところの「つっこみ」を一切しない。漫才では、「ぼけ」によって歪められた世界を「つっこみ」が正しい世界へと修正しながら話を進めてゆく。しかし本作のように「ぼけ」の世界が際限なく解き放たれると、正しい世界は失われ、歪んだ世界が現出する。漫才の世界で似たようなことができるのは「笑い飯」というコンビだけだろう。

『まじめが肝心』において劇空間が歪んでゆくある種の恐怖は、喜劇というより笑劇のそれである。ワイルド自身も本作を「笑劇的喜劇」と称した。

このナンセンスは説明が難しい。つまり貴志哲雄の「手法」には決してからめ捕られないからだ。是非一読をお勧めしたい。特にブラックネル卿夫人はナンセンスの怪物ともいうべきキャラクターで、演劇史上特筆すべき登場人物だろう。ジュディ・デンチやマギー・スミスといった名女優によって演じられた。

話はかわるが、『まじめが肝心』はシェイクスピアの『ロミオとジュリエット』に対するひとつの回答でもある。

ロミオとジュリエットは互いに敵対する家族の一員だった。二人は偶然パーティーで出会い、互いに一目惚れをし、その後相手が敵対する家族の跡取りであることを知る。

ジュリエットはバルコニーでその不運を嘆く。

O Romeo, Romeo, wherefore art thou Romeo?

(おお、ロミオ、ロミオ、どうしてあなたはロミオなの)

ジュリエットは言う。名前など恋に関係がない、自分がキャピュレットの娘でロミオがモンタギューの息子であることと恋とは本質的に結びつかない、自分という人間とロミオという人間が名前とは無関係に愛し合うことが大切なのだと。そしてこれを立ち聞きするロミオもまた激しく魂を揺さぶられ、ジュリエットに会いにバルコニーに駆け登ってゆく。

一方、『まじめが肝心』では名前こそが重要なのであって、人間性だの男性的魅力だのは問題にならない。そもそも二重生活をおくっているジャックとアルジャノンはアイデンティティを喪失した人間なのだ。

The Importance of Being Earnest は「まじめが肝心」と訳されるが、言うまでもなく「『アーネスト』であることが肝心」の掛詞だ。また「アーネスト」は同性愛を示す隠語だという説があるから、「同性愛であることが肝心」といえるのかもしれない。いずれにせよオスカー・ワイルドは本作に様々な作意を隠しながら、それでいて小賢しい理詰めの分析を拒むナンセンス劇を書き上げた。

これほど全編にナンセンスが散りばめられた劇は、私の知る限りジョージ・タボリ(一九一四—二〇〇七)の笑劇『我が闘争』(一九八七年)以外に例を見ない。ウィーンの美大志望生だったヒトラーが怪物に変身してゆく過程を描いた本作もまた、全編ナンセンスなセリフで構成されている。

場所はウィーンの肉屋の寮。朝まだき、寒い木曜日。ヒトラーがここに身を寄せる前の場面は、ユダヤ人のヘルツルとロプコヴィッツのやりとりから始まる。ロプコヴィッツは自分を神だと錯覚しているから、二人のやり取りはまったく意味をなさない。そこへヒトラーが現れ、この意味のないやりとりに乗っかってゆく。全五幕がこの調子で、筋らしい筋もない。ところが気がつくとヒトラーは死の執行人・死夫人《フラウトート》に導かれて去っていく。ヒトラーの伝記をまじめに追いかけようと期待して劇場に足を運んだ観客は、まったく別のものを目のあたりにすることになる。このような観客に三時間の上演時間は苦痛だろう。しかしナンセンスを愛でる観客には極上の時間だ。

『桜の園』のナンセンス

　ワイルドの『まじめが肝心』が初演されたのは一八九五年のことだった。翌一八九六年にアントン・チェーホフの『かもめ』が初演されたことは、長い演劇史を見渡すと偶然ではないように思われる。新しい演劇のかたちが芽生え始めていた。

　チェーホフの絶筆『桜の園』（一九〇四年）もまたナンセンスの劇であろう。ただし、幕内では本作の解釈は当初から両極に別れていた。すなわち、これを喜劇あるいは笑劇だとする作者チェーホフと、悲劇あるいはまじめな劇だとするモスクワ芸術座の演出家・スタニスラフスキーとの対立である。

　チェーホフは静養先のヤルタから書きあげた『桜の園』の台本をモスクワに送った。チェーホフは数年前から肺結核を患っていた。やりとりは主に手紙によって行われていた。チェーホフの妻でモスクワ芸術座の看板女優のオリガ・クニッペルとのやりとりでさえそうである。『桜の園』の台本を読んだスタニスラフスキーは大いに感動した。「喜劇　四幕」という副題が付いていたが、スタニスラフスキーは、これは悲劇だと手紙にしたためて送った。最大級の賛辞を作者に示したつもりだった。

スタニスラフスキーは綿密な演出ノートをつけていた。本人は「スコア」と呼んでいたらしい。記されているのはスコア（楽譜）よろしく、ここでため息をつくとかここで右を向くとかいう「型」の指定だ。その指定は各セリフ、各ト書きに対してびっしりと書き込まれている。のちに「スタニスラフスキー・システム」と呼ばれる演技術が、河竹登志夫『演劇概論』にいう「感情移入型」のアプローチだとしたら、スコアが指定しているのはその対極にある「他者表現型」のアプローチだ。このアプローチは、ともすれば俳優の身体を「型」によってがんじがらめに縛り、イマジネーションの表出を妨げる危険性をはらんでいる。スタニスラフスキーは台本を分析し、それを俳優の身体によって立体化する作業に大まじめに取り組んだ。俳優たちがその意図をこれまた大まじめに実現するならば、それぞれの「型」は思い入れたっぷりに演じられ、舞台はスピード感を欠くことになる。チェーホフの最も嫌うところだ。ちなみに『桜の園』には「泣く」というト書きの指定が二〇数ヶ所出てくる。スタニスラフスキーはそれぞれの泣き方についても、こと細かくスコアをつけたに違いない。しかしチェーホフは、泣いているように見えればいいのだとこともなげに言った。

チェーホフは、スタニスラフスキーが一二分しかかからない第四幕に四〇分もかけたことに憤慨している。終幕の第四幕は、領地が人手に渡り、一家がそれぞれの道に向かって別れてゆく場面だ。一二分というのは素読みから割り出した時間らしい。筋の時間と観客の時間が一致すると仮定するなら、一二分は大げさだとしても第四幕は二〇分以内で終わるはずだ。それは冒頭早々のロパーヒンの次のセリフからもわかる。

皆さん、よろしいですか、発車までに四七分しかありませんよ！　すると、二〇分したら停車場へお出かけになるわけです。

第四幕には「一〇分」「五分」「一分」などと時間への言及が多く、まるで演出のスタニスラフスキーが第四幕をたっぷりとした悲劇にしようとしているのを予想して、抑止しているかのようだ。ところで個々の登場人物がどのように描かれているか、ここで簡潔に述べておこう。

領地を失い没落してゆく人物は、ラネーフスカヤとガーエフの兄妹である。本作を悲劇とみる人は、二人の落日に感情移入し涙するかもしれない。逆に喜劇・笑劇とみる人はその没落の様を滑稽とみるだろう。

第一幕、ラネーフスカヤは愛人と訣別してパリから戻って来た。正確には愛人に捨てられたのだ。ロシアに戻ったラネーフスカヤのもとには、その愛人から電報が二通来ている。ラネーフスカヤは読みもせずにそれを引き裂く。「パリとは、もう縁きりだわ」と。第二幕、彼女はポケットから電報を出して言う。「今日、パリから来たの。……赦してくれ。戻って来てくれ、ですって」。そして電報を引き裂く。第三幕、ハンカチを取り出す拍子に電報が床へ落ちる。大事に持っていたのだ。彼女は言う、「わたしパリへ行って、あの人のそばにいてやるのが本当なのね」と。これを人格の分裂とみて、戯曲上の矛盾を指摘する考えがある。しかしこうした分裂症的性格は日本でも中高年の女性（男性にも）にいくらでも見られる。

一方、ガーエフは氷砂糖を常に口にし、玉突きに目がなく、対個人のコミュニケーションはとれないくせに演説だけは得意だ。中身があるわけではない。ただ名調子なのだ。ガーエフは本棚に向かってさえ演説をする。田舎の名士によくいるタイプだ。領地がロパーヒンに買い取られたのに、玉突きの音が聞こえると機嫌が直るのは前章で述べた通りだ。

その他の人物の迷走ぶりについても簡潔に述べよう。

執事のエピホードフは小間使いのドゥニャーシャに気があるが、愛情の示し方を知らず失敗ばかりしている。最後に新しく領主となったロパーヒンの執事となり、ようやく居場所を見つける。ドゥニャーシャは恋に恋する女だ。エピホードフのことも憎からず思っているが、パリの空気を運んで来たような従僕ヤーシャに夢中になる。ヤーシャはパリに戻りたいだけの薄っぺらな男で、ドゥニャーシャのような田舎娘には何の興味もない。

ラネーフスカヤの娘・アーニャは、万年大学生のトロフィーモフに自分の未来を重ねている。しかしトロフィーモフはやがて起こる革命に身を投じるかもしれない。アーニャはそのことをまったく考慮に入れていない。ロパーヒンはラネーフスカヤの養女・ワーリャにプロポーズをしようと試みる。それはラネーフスカヤから乞われたことで、プロポーズは旧主人へのせめてもの責任の果たし方だった。しかし昔ならまだしも、金持ちになって派手な遊びを覚えたであろうロパーヒンの目に、ワーリャはあまりに地味で貧乏くさい。ロパーヒンはプロポーズをやめてしまう。八七歳の老僕・フィールスの頭脳は三〇年も前の農道解放令で止まっている。自らの意志で運命を切り開くことを知らず、命令されることが身体化された彼の結末は、零下三度の屋敷に閉じこめられて凍死することでしかない。

こうした滑稽な人物たちの群像劇を悲劇と呼べるだろうか。

ただし『桜の園』の始末に負えないところは、人物間のコミュニケーションが、一見とれているように見える点にある。まだしも『三人姉妹』では、見た目も内実も、人物間のコミュニケーションは成立していなかった。『三人姉妹』の稽古のとき、俳優たちはセリフを言うのにとまどい、この作品が演劇として成立していないと感じた。一方、『桜の園』は俳優たちから見ても優れた作品だった。ラネーフスカヤに扮したチェーホフの妻オリガ・クニッペルは台本を手にした段階で作品に涙している。そこにチェーホフのたくらみがなにかしらあったのかもしれない。チェーホフは『三人姉妹』の副題を「戯曲（ドラマ）四幕」とした。チェーホフの中では「ドラマ」と「喜劇」の使い分けは明確だったに違いない。その内容は、いまとなっては知るよしもないが。

一九〇四年七月二日、チェーホフは保養先のバーデンワイラーで亡くなった。四四歳だった。もう少し生きていれば、チェーホフが不条理劇の祖となった可能性もあったのではないか。

歌舞伎のナンセンス

日本にもナンセンスな劇はある。

市川団十郎家の得意演目である歌舞伎十八番には、『暫《しばらく》』という様式的な一幕がある。現在は一時間たらずの単独の演目として上演されるが、かつては長い演目の一場面だった。江戸では一一月の顔見世の序幕には必ず『暫』の場面が出た。俳優の契約は一一月からの一年間なので、新しいメンバーを観客に披露する一一月の興行を「顔見世」という。そして、あらゆる役柄が舞台上に同時に揃う『暫』は顔見世に必須の場面だった。

その筋はいたって単純である。

場面は神社の社頭。青い筋隈《すじぐま》（隈取《くまどり》の一種）をとり、金冠・白衣・緋の袴の公家悪が登場する。第六章で述べたように、この扮装は天下をねらう悪人を表している。この公家悪を「ウケ」という。ウケは、自分の家来である赤《あか》っ面《つら》の悪人ども（「腹出し」）に、自分に従わない善良な男女（「太刀下《たちした》」）を殺すように命じる。まさに太刀下の命が危うくなったそのとき、花道の揚幕《あげまく》から「しばらく」と声がかかる。続いて暫の主人公（ここでは現行の「鎌倉権五郎《ごんごろう》」としておく）が花道に登場する。紅の筋隈に柿色の大素襖《すおう》を着て、大太刀を指し、力紙《ちからがみ》に前髪、車鬢《くるまびん》という荒事《あらごと》の扮装だ。権五郎は花道の七三（揚幕から七、舞台から三の場所）で「ツラネ」という長ゼリフを言う。いわば自己紹介である。悪人の一味が入れ替わり立ち替わり権五郎を追い返そうとするが、かなわない。やがて権五郎は本舞台に出て、太刀下を救い、大太刀で悪人一味の仕丁の首をはね、悠々と花道を去ってゆく。

河竹繁俊は『暫』について次のように評価する。

> 『暫』の芝居のどこが面白いと訊かれればどこも面白いと答えよう、どこが詰らないかと訊かれればどこも詰らないと答えよう――と岡鬼太郎氏〔劇評家・劇作家、一八七二―一九四三年〕は言っている。やかましく言えば、『暫』の文化的意義、成り立ち、古い江戸歌舞伎に理解をもって眺めれば、どこもかも面白い、もしそうでなく、合理的常識的な演劇の立場からすれば、他愛のない童話劇みたいなもので、正しく一篇のナンセンス劇であり笑劇《ファース》でもある。何が故に江戸の庶民は毎年々々、それも三座同時に競演されても、これを歓迎し陶酔せんとしたのであろうか、これには少くとも二つの理由があると思う。
>
> （『歌舞伎十八番集』）

河竹繁俊は続ける。「二つの理由」の一つ目は悪人を退治して善人を救う心意気が庶民のそれを反映したものだったということ、二つ目は先に述べたのと同じく顔見世狂言としてふさわしいものだったということだと。理由としては弱い気がする。

河竹は、ナンセンス劇・笑劇を、歌舞伎の正しい理解から最も遠い、低級なものとして見ている。たしかに文化的背景に関する最低限の理解は鑑賞に必要かもしれない。『暫』は記号の集合体のような劇だから、各々の記号の意味を知らなければ面白さはわからないかもしれない。たとえば前髪の意味を知らなければ、鎌倉権五郎が権力者の前で傍若無人にふるまう理由がわからないだろう。前髪は未成年の記号である。だから傍若無人が許される。たとえ皇位を狙う金冠白衣のウケの前であってもだ。

花道のツラネには、たとえば「当年積もって十八歳、実を申せば五十四歳」などというセリフがある。つまり前髪はフェイクで、実年齢はもっと上だと白状するのだ（それは鎌倉権五郎の年齢であると同時に役者の年齢でもある）。しかしそれ以上の理解が観客に必要だろうか。むしろこれを文化的記号の集成として観る学問的態度が、作品を芸術鑑賞の領域に押しやってしまうのではなかろうか。そういう観客は文化を擁護し保存に貢献してくれるかもしれないが、態度としてはもっともつまらない。

河竹とは反対に、私はナンセンス劇・笑劇を演劇の最高の境地と見る。そしてナンセンスであるがゆえに、『暫』は長い生命を得たのだと信じる。この立場からすれば、『明星が茶屋』のスラップスティックこそ「合理的常識的な演劇の立場」から鑑賞可能なのであって、それはナンセンス劇・笑劇より一段低い。逆に歪んだ世界を提示する『暫』はナンセンス劇・笑劇でいいのである。歌舞伎のナンセンスは『暫』に代表される荒事はもとより、ほとんどの舞踊劇にも、義太夫狂言にさえ見出される。こうしたナンセンスを抽出すれば、歌舞伎は生きた前衛劇・不条理劇となり、博物館に入らずにすむ。つまり歌舞伎は背筋を伸ばして鑑賞するのではなく、ニヤニヤしながら、あるいは痛痒い感覚に身もだえながら観るものである。

スラップスティックが極めて合理的・理知的な精神の産物であるのに対し、ナンセンスの劇はこうした精神の介入を拒否している。ナンセンスの劇に合理的・理知的精神がないとは言わない。むしろそれを創る者の知性や知力はスラップスティックに勝るかもしれない。しかし一旦これを理詰めに分析しようと試みると、語るに落ちる結果となるのがナンセンスだ。

現在、演劇によって表現される事柄の多くは映像によって再現可能となった。演劇に残された道は、河竹が貶めた「他愛のない童話劇」（寓話劇）であり、「ナンセンス劇であり笑劇である」。そしてこれらは不条理劇と根っ子で繋がっている。

〈参考文献〉

河竹繁俊『歌舞伎十八番集』講談社学術文庫、二〇一九年
河竹登志夫『演劇概論』東京大学出版会、一九七八年
喜志哲雄『喜劇の手法　笑いのしくみを探る』集英社新書、二〇〇六年
マーティン・エスリン著、小田島雄志他訳『不条理の演劇』晶文社、一九六八年
アントン・チェーホフ著、湯浅芳子訳『妻への手紙』上下、岩波文庫、一九五五年、一九五七年
ジーン・ベネディティ著、高山図南雄・高橋英子訳『スタニスラフスキー伝：1863–1938』晶文社、一九九七年

〈テキスト〉

アントン・チェーホフ作、神西清訳『桜の園・三人姉妹』新潮文庫、一九六七年
オスカー・ワイルド作、西村孝次訳『まじめが肝心』（『サロメ・ウィンダミア卿夫人の扇』新潮文庫、一九五三年）
つげ義春『ねじ式』小学館文庫、一九九四年

あとがき

本書の第一章から第六章は、私の前任校である福岡女学院大学人文学部言語芸術学科において教科書として使用した〈テーマ・シンキング叢書〉に収録されたものである。同学科に属する教員六、七名が、毎年一冊、共通のテーマについてそれぞれの分野から執筆した。それぞれの分野というのは英文学・文体論・民俗学・社会学・宗教学、そして私の演劇学。二〇一一年から二〇一六年まで毎年刊行された『時間』『自然』『戦争と平和』『愛』『旅』『怪』に、私は各々一章分を担当した。この経験は教員間の切磋琢磨の場となった。本書の第一章から第六章まではこの〈テーマ・シンキング叢書〉に執筆したものを全面的に書きなおしたものである。

私は六冊目の『怪』を最後に福岡女学院大学を離れた。その後〈テーマ・シンキング叢書〉は、『色』『音』『金』『美』『病』『家』『食』と一三冊まで続いた。この営みを継続した言語芸術学科の教員スタッフには最大限の敬意を表したい。このうち「金」は私も書きたかったものだ。演劇にとっても重要なテーマなので、書き下ろしで本書に収録することにした。

「笑い」は〈テーマ・シンキング叢書〉にはない。私が新たに設定したテーマである。早稲田の〈郡司正勝先生研究会〉が出した私家版『歌舞伎の出口・入口』（二〇二〇年）に収録された拙稿「喜劇あるいは笑い」が土台となっている。

テーマによって料理の仕方は異なる。章によって日本に偏っていたり、東西演劇を鳥瞰したりしているのはそのためである。専門性の度合いも異なる。そこはご容赦願いたい。

まえがきでも述べたが、私は研究と教育に加えて演劇の現場を体験した特殊な人間だと思う。本書で紹介した戯曲の中には、私が実際に上演に関わったものが少なからずある。『ロミオとジュリエット』は一九九八年度にロンドン大学客員研究員だったときに、ロンドンの演劇学校ＬＡＭＤＡ（London Academy of Music and Dramatic Art）のShakespeare Summer Workshopで四週間学んだときの出し物である。私はロレンス神父とキャピュレット（ジュリエットの父）を演じた。シェイクスピアの作品の中で、『ロミオとジュリエット』は必ずしも優れているは思わないが、私にとっては思い出深い作品である。

ロンドンから帰国後、私は福岡で〈劇団アントンクルー〉に参加した。というか副代表というような立場で劇団を立て上げた。チェーホフの作品は、『かもめ』『ワーニャ伯父さん』『三人姉妹』『桜の園』の「四大戯曲」から未完の大作『プラトーノフ』、『熊』『結婚申し込み』といった小品にいたるまで、ほとんどは〈劇団アントンクルー〉で上演した（劇団名自体がチェーホフにちなんだものである）。代表の安永史明は演出、私は台本と役者を主に担当した。安永とのタッグは、私の演劇人生にとってかけがえのない財産である。

『ゼチュアンの善人』は福岡女学院大学時代に授業で上演した。ブレヒトの構想力と芝居づくりの上手さに舌を巻いた。『わが闘争』はペーター・ゲスナー率いる〈うずめ劇場〉に出演したときの作品だ。北九州から東京、大阪とツアーをした。旅公演を通して、作品がどんどん完成に向かうのを体験した。

『まじめが肝心』は名城大学外国語学部に移ってから学生とともに上演した。実は本書執筆中の現在も、二度目の『まじめが肝心』に取り組んでいる。今回は英語劇だ。学生たちは、この作品のナンセンスをスポンジが水を吸うように理解してゆく。頭のやわらかい人たちには勝てない。

多くの学生や若い演劇人と関わってきたので、この人たちにも読めるものをいつか書こうと思っていた。しかし、こういう本を書くのは一〇年早いという思いが研究者としての私には常にあった。そうこうしているうちに、私もいい年になってしまった。そこで思い切って出版する次第である。

本書を、泉下の河竹登志夫先生・鳥越文藏先生・内山美樹子先生に捧げる。というより突きつけたい。一笑に付されるに違いない。それもまた楽しからずやだ。

最後に、これまで私の研究活動・演劇活動を支えてくださったすべての方に感謝したい。

和泉書院の廣橋研三氏・廣橋和美氏には私の原稿を丁寧にチェックしていただき、貴重なご意見を賜った。厚く御礼申し上げる。

著者略歴

岩井眞實（いわい　まさみ）

名城大学外国語学部教授、文学博士
1959年　奈良県生まれ
1983年　早稲田大学法学部卒業
1990年　早稲田大学大学院文学研究科博士課程修了

【主要著書】
『芝居小屋から―武田政子の博多演劇史―』（共著）（海鳥社、2018年）
『Japanese Political Theatre in the 18th Century: Bunraku Puppet Plays in Social Context』（共著）（Routledge、2020年）
『島村抱月の世界』（共著）（社会評論社、2021年）
『近代博多興行史―地方から中央を照射する―』（文化資源社、2022年）
『伝統演劇の破壊者　川上音二郎』（海鳥社、2023年）

演劇をめぐる八章　IZUMI BOOKS 23

2025年3月15日　初版第一刷発行

著　者　岩井眞實
発行者　廣橋研三
発行所　和泉書院

〒543-0037　大阪市天王寺区上之宮町7-6
電話06-6771-1467／振替00970-8-15043
印刷／製本　亜細亜印刷
ISBN978-4-7576-1115-3　C1374　定価はカバーに表示

大阪市立大学文学研究科
「上方文化講座」企画委員会 編

上方文化講座　菅原伝授手習鑑

■Ａ５並製・二〇九〇円

文楽界の名手と大阪市立大学文学研究者とのコラボレーション。竹本津駒大夫（太夫）、鶴澤清介（三味線）、桐竹勘十郎（人形遣い）の三師を迎える。『菅原伝授手習鑑』「寺子屋」の世界を鮮やかに照射。

大阪市立大学文学研究科
「上方文化講座」企画委員会 編

上方文化講座　義経千本桜

■Ａ５並製・二三〇〇円

大阪市立大学文学研究科「上方文化講座」の成果をまとめた、シリーズ第三弾。『義経千本桜』四段目に焦点をあてた二〇〇八年度の講座内容に加え、新出・未翻刻資料を多数収載、最新の研究成果を盛り込んで世に送る。

海老根剛 著

人形浄瑠璃の「近代」が始まったころ
―観客からのアプローチ―

大阪公立大学人文選書９■四六並製・二四二〇円

人形浄瑠璃はいつ、どのようにして「古典」になったのか。またそれはいかなる意味を持つ出来事だったのか。昭和初年の大阪に出現した新しい観客たちに注目し、人形浄瑠璃の「近代」への歩みに新たな角度から光を当てる。

（価格は 10％税込）